S0-FQY-295

Zum Glück gibt's die Oma

Zum Glück gibt's die Oma

Großmüttergeschichten

Ausgewählt und herausgegeben
von Christina Callori di Vignale

HERDER

FREIBURG · BASEL · WIEN

Inhalt

Joachim Ringelnatz, Großmutter 6

Margot Benary-Isbert,
Kinderhüten – nicht so einfach 8

Ephraim Kishon,
Ein junges Reis vom alten Stamm 28

Barbara Seuffert, Der Kerzenhalter 38

Christine Nöstlinger,
F wie Freunde und Freundinnen 46

Margot Benary-Isbert,
Die werdende Großmutter 52

Christina Callori di Vignale, Das schönste
Kompliment meines Lebens 68

Peter Härtling, Was an Oma anders ist 72

Leo N. Tolstoi,
Das Gedicht zum Namenstag 84

Lois Wyse, Und jetzt kommt Oma! 92

Orhan Pamuk, Meine Großmutter 106

Christina Callori di Vignale,
Das Bild meiner Großmutter 120

Natalia Ginzburg, Die Großmutter im
Urlaub mit der Familie 134

Bertolt Brecht,
Die unwürdige Greisin 144

Barbara Seuffert,
Der Maulwurfsmantel 158

Theodor Storm,
Im alten Saal 166

Ingmar Bergman,
In den Ferien bei der Großmutter 182

Isabel Allende,
Meine hellsichtige Großmutter Isabel 198

Quellenverzeichnis 206

Zum Geleit

Großmutter

von Joachim Ringelnatz

Großmutter hat viel gelernt und gesehn
Im Laufe der wechselnden Jahre.
All, was sie redet, klingt eigen und schön
Und trifft wohl immer das Wahre.

Sie weiß noch immer so innig warm
Für ihre Lieben zu sorgen.
Drum fühlt auch der Enkel spielender Schwarm
Bei ihr sich wohl und geborgen.

Und blickt sie nach Weise der alten Fraun
Versonnen hinaus in die Weite,
Dann, scheint es, als könne den Himmel sie schaun,
Als stünd' ihr ein Engel zur Seite.

Kinderhüten — nicht so einfach

von Margot Benary-Isbert

Kinderhüten, älteste Beschäftigung der Großmütter! Damit wenigstens hat man noch nicht aufgeräumt, im Gegenteil, diese Funktion ist heute nötiger als je. Was sollen die jungen Eltern ohne dienstbaren Geist im Hause anfangen, wenn sie einmal abends ausgehen oder über ein Wochenende verreisen wollen? Als Ausweg bleibt der Babysitter, wie man hier sagt, oder die Großmutter. Babysitters müssen bezahlt werden, Großmütter „sitzen" umsonst. So würde ich also den Kindern eine Hilfe sein und meine Daseinsberechtigung als Großmutter beweisen können, dachte ich. Bald nach meiner Übersiedlung nach Kalifornien unternahmen sie eine Hochgebirgstour mit ihrem Wanderklub, weit in die Wildnis der hohen Sierra, wo sie zwei Wochen auf keine Weise zu erreichen waren. Ich hatte gemeint, in dieser Zeit Kind, Hund und Haus hüten zu können, aber das war ein Irrtum.

Noch war ich für David ja eine Fremde. Zum Glück gibt es ein kinderloses älteres Ehepaar in der Nachbarschaft. Der weibliche Teil dieses Paares ist eine erfahrene Babysitterin, und seit Davids frühester Kindheit nahm sie ihn stets in ihre Obhut, wenn seine Eltern einmal ohne ihn unterwegs waren. Er kennt sie also gut und besucht sie fast täglich. Sie hat einen Fernsehapparat, einen Hund, drei Katzen und einen Mann, mit dem David noch inniger befreundet ist als mit ihr. Es lag auf der Hand, daß es das Beste sein würde, ihr auch diesmal David wieder zu überlassen.

Aber wenn die Eltern zweimal im Monat zu den Zusammenkünften ihres Klubs nach Santa Barbara kommen, wo ich nun wohne, dann liegt doch nichts näher, als David zwischendurch bei mir abzugeben. Ich male mir aus, wie ich ihn füttern, baden, in seinen Pyjama stecken, noch ein halbes Stündchen Bilderbücher mit ihm ansehen und ihn dann im Gastzimmer schlafen legen werde. Wie schön, denke ich, wieder einmal an einem Kinderbett zu sitzen und Schlaflieder zu singen. Später würden ihn die Eltern abholen, schlafend in den Wagen tragen, und dann würde er auf dem Schoß der Mutter während der einstündigen Fahrt nach Hause friedlich weiterschlafen.

Beim ersten Versuch bin ich voller Zuversicht. Solange die Eltern da sind, geht auch alles gut.

„Weißt du was", sagt die Tochter, „wir lassen dir Prinz mit hier, das gibt David ein Gefühl von Zuhausesein." Prinz ist der große deutsche Schäferhund, unter dessen Obhut David aufgewachsen ist; ein altes, würdiges Tier mit der Geduld eines buddhistischen Heiligen. Obwohl ich keine Besorgnis habe, ist es doch ein gutes Gefühl, Davids vertrauten Freund dabeizuhaben.

Die Eltern gehen. David, der in ein Bilderbuch vertieft auf meinem Schoße sitzt, hört den Wagen draußen wegfahren, rutscht herunter, läuft an die Tür und lauscht. Als kein Zweifel bleibt, daß sie ohne ihn weggefahren sind, schiebt er seine Unterlippe vor, kämpft noch ein paar Minuten mit den Tränen, fängt aber dann leise zu weinen an.

Nun, das wird vorbeigehen. Man muß ihn nur ablenken. Ich lenke also ab. Wir spielen mit Prinz. Ich hole Dominosteine und ein anderes Bilderbuch herbei. Ich singe ihm etwas vor. Als alles nichts hilft, nehme ich die schluchzende kleine Gestalt an der Hand und gehe mit ihr ins Nachbarhaus, wo die beiden Kinder bäuchlings auf dem Teppich liegen, ganz versunken in ein Fernsehprogramm mit grotesk verzerrten Tieren, minderen Nachkommen der Mickymaus. Es ist mir nicht wohl dabei, daß ich zu der mechanisierten Unterhaltung meine Zuflucht nehme, die ich im Grunde meines Herzens ablehne. Aber sie verfehlt ihre Wirkung auf David nicht.

Es mag etwas daran sein, wenn man den Fernsehapparat als den beliebtesten Babysitter der Vereinigten Staaten bezeichnet. Beliebt bei den Kindern. Ob es nicht ein allzu bequemer Ausweg für die geplagten Mütter ist, bei dem Niveau der meisten Programme, die da geboten werden, ist eine andere Frage.

Wie es auch sei, es bewegt sich etwas auf dem erleuchteten Schirm, es wird Musik dazu gemacht, und auch die Gegenwart der anderen Kinder mag beruhigend auf Davids Kummer wirken. Jedenfalls weint er nicht mehr und sitzt still, wenn auch nicht gerade heiter auf meinem Schoß. Manchmal steigt noch ein tiefer Seufzer aus seiner Brust, und die ganze Zeit lutscht er inbrünstig an seinem Daumen. Nach allen Regeln der neuen Kinderpsychologie könnte ich daraus allein schon schließen, wie unglücklich er ist, wenn ich es nicht auch ohnehin wüßte.

Schließlich kommt der Augenblick, wo das Programm zu Ende ist, und ich ziehe mich mit David wieder unter mein eigenes Dach zurück. Drüben erwartet uns der Hund und freut sich über unser Kommen nach der einsamen halben Stunde. David, meine ich, wird jetzt müde genug sein, sich ohne weitere Umstände ins Bett bringen zu lassen. Wie wenig weiß ich noch vom Umgang mit Enkeln!

Da es sieben Uhr ist, fange ich unter Begleitung von Schlafliedern an, ihn auszuziehen, zu waschen und in seinen Schlafanzug zu stecken, als wäre das die selbstverständlichste Sache von der Welt. David denkt augenscheinlich anders darüber. Es dauert eine Weile, bis meine ungeübten Hände ihn so verpackt haben, wie es für die Nacht nötig ist, und ich habe den Eindruck, daß alles an seinem richtigen Platz ist. Aber David fängt bei dieser Prozedur wieder zu weinen an, diesmal heftiger als zuvor. Ich kann nicht daran denken, ihn in dieser traurigen Verfassung in das fremde Bett zu legen und allein in dem fremden Zimmer zu lassen. Später wird er natürlich einmal lernen, daß bei der Großmutter bestimmte Regeln gelten.

Heute nehme ich ihn mit ins Wohnzimmer zurück und versuche, ihn auf meinem Schoß mit Gesang einzuschläfern. Dabei mache ich die Erfahrung, daß auf die alten Sagen doch kein rechter Verlaß ist. Hat man uns nicht von früher Jugend an erzählt, daß Orpheus es fertiggebracht habe, wilde Bestien mit Musik zu beruhigen? Mir gelingt es nicht einmal, ein winziges Bübchen damit zur Ruhe zu bringen. Vielleicht war des Orpheus' Gesang schöner als meiner, das wollen wir dahingestellt sein lassen. Jedenfalls scheint mein Singen David weder Trost noch Schlaflust zu bringen. Seine Tränen rinnen fort und fort.

Nicht einmal das uralte Geschäft des Kinderhütens sieht in der Praxis so einfach aus wie in der Theorie. David ist jetzt zwanzig Monate alt. Er bleibt nicht mehr, wie einst am Michigansee, ohne weiteres bei Leuten, die ihm nicht vom täglichen Umgang vertraut sind. Zum Glück habe ich gerade das Buch eines führenden Kinderpsychologen gelesen und daraus gelernt, daß von etwa eineinhalb Jahren an die meisten Kinder eine Phase durchmachen, in der die Bindung an die Mutter so stark ist, daß jede Trennung eine Katastrophe bedeutet. Phasen spielen überhaupt eine große Rolle in der heutigen Jugendpsychologie. Es gibt Leute, die behaupten, hierzulande gingen Kinder zwischen zehn und sechzehn Jahren von Zeit zu Zeit in die Bibliothek, um sich darüber zu unterrichten, in welcher Phase sie sich gerade zu befinden haben. Ein Elfjähriger, der, entgegengesetzt seiner sonst stark betonten Männlichkeit, plötzlich bei jedem Anlaß in Tränen ausbrach, antwortete mir auf meine Frage, wieso denn ein so großer

Junge bei jedem Streit mit dem älteren Bruder zu weinen anfange: „Ach, wissen Sie, das ist gerade so eine Phase."

David befindet sich also zur Zeit in der Phase des Mutterkindes. Es heißt, daß von zwei Jahren an diese ausschließliche Bindung an die Mutter sich langsam lockert. Aber so lange kann ich nicht warten. *Jetzt* hat mein Enkelkind Kummer, und ich sitze machtlos dabei. Er weint nicht ungebärdig und böse, wie es viele andere Kinder in dieser Verfassung tun würden, sondern auf eine zurückhaltende, man möchte sagen beherrschte Art; fast wie ein Mann, der sich bemüht, den Ausbruch seines Schmerzes tapfer zu unterdrücken. Er rutscht von meinem Schoß, läuft wieder zur Tür, durch die die Eltern entschwunden sind und horcht mit einem herzzerbrechend verzweifelten Ausdruck in seinem sonst so heiteren kleinen Gesicht. Sein Schluchzen klingt jetzt so müde, daß man merkt, wie gern er schlafen würde; aber es geht einfach nicht in der fremden Umgebung.

Vielleicht hat er Hunger? Ich biete ihm eine Banane an, die er sonst so liebt. Er lehnt sie ab. Eine Flasche? Ich mache sie in der Küche zurecht, und David läßt sich herbei, ein wenig davon zu trinken, aber dann bricht sein Schmerz mit erneuter Gewalt hervor. Auf allen vieren kriecht er zu dem Hund, der friedlich auf dem Teppich schläft, legt sich neben das große Tier und bettet den Kopf auf die pelzige Flanke. So bleibt er liegen, halb kniend, das runde Hinterteil anklagend zur Decke erhoben, und schiebt den Daumen in den Mund. Ein trostloser Anblick.

Die Eltern bleiben aber auch schrecklich lange! denkt die nun ebenfalls am Ende ihrer Fassung angelangte Großmutter. Sie kommt sich völlig überflüssig vor. Eine Großmutter, die nicht einmal Enkel hüten kann, was soll man mit der noch anfangen?

Als die Eltern endlich kommen, finden sie beide in Tränen, Enkel und Großmutter.

„Er wird sich schon an dich gewöhnen", sagt die Tochter. „Mach dir nichts draus, das ist so eine Phase, die sie alle in dem Alter durchmachen."

Die Phase, ich wußte es ja. Aber es tröstet mich nicht. Zum Kuckuck mit den Phasen! Mein Enkelkind weint, wenn es mit mir allein gelassen wird; das ist schrecklich, und wenn es die Psychologen zehnmal normal finden. Gibt es denn nicht so etwas wie die Stimme des Blutes? Oder bin ich David etwa unsympathisch? Vielleicht habe ich einen schlechten Charakter, das hat bloß bisher noch niemand gemerkt? Kinder haben ein untrügliches Gefühl für so etwas.

Als ich in der nächsten Zeit verschiedene Großmütter nach ihren Erfahrungen frage, höre ich, daß sie alle ähnliches erlebt haben oder erleben, außer den wenigen, die ständig in nächster Nähe des Enkels sind. Und ich kann unmöglich all diese netten, freundlichen Frauen für schlechte Charaktere halten. Das stellt mein Selbstbewußtsein einigermaßen wieder her.

In der Folge verbringe ich öfter ein paar Tage in Davids Elternhaus und werde allmählich vertrauter mit ihm. Dabei ergibt es sich aber auch ganz von selbst, daß ich ihn bei aller Liebe etwas fester anfasse, als er es gewöhnt ist. Etwa bei der Morgentoilette. Er nennt zur Zeit alles, was ihm weh tut oder auch nur unbehaglich ist, „beißen". Und als ich ihm eines Tages trotz seines Protestes erst die Ohren wasche, dann die Haare gründlich kämme und bürste, läuft er zu seiner Mutter und beklagt sich: „Oma beißt Baby!" Solche kleinen Zwischenfälle ändern aber nichts daran, daß wir uns immer besser verstehen.

Trotzdem wollen die Eltern zunächst keinen Versuch mehr machen, ihn bei mir zu parken. Sie fürchten zu sehr, daß David sich aufregen würde, während ich der Ansicht bin, daß dies ja der einzige Weg wäre, ihn daran zu gewöhnen, und daß man nur die nötige Festigkeit dazu aufbringen müßte. Wieder einmal ist Gelegenheit, das Schweigen zu üben.

David selbst scheint genau zu wissen, worum es sich handelt, wenn er mit den Eltern die Großmutter besucht, wonach er gelegentlich spontan verlangt. Gegen Besuche hat er nicht das geringste einzuwenden, es muß nur ganz klar sein, daß er nicht allein zurückgelassen wird. Jedesmal, wenn sich seine Eltern von mir verabschieden, entfaltet er eine bei ihm sonst ungewohnte Zärtlichkeit. Vom sicheren Arm der Mutter hält er mir sein Gesicht zum Kuß hin, winkt Lebewohl und küßt mich sogar, eine Kunst, die er erst kürzlich gelernt hat und nur sehr mit Auswahl anwendet. Bei dieser Gelegenheit tut er es ohne

Aufforderung, als wolle er mir zeigen, daß er nichts gegen mich hat, aber unbedingt dem schrecklichen Schicksal entgehen möchte, von den Eltern allein bei mir gelassen zu werden.

Sicher wird jede Großmutter andere Mittel der Annäherung haben, von den verwerflichen Süßigkeiten angefangen, über gemeinsames Spielen, Spazierengehen und Singen zu den überall beliebten Bilderbüchern. David ist jetzt über zwei Jahre alt, und Sprache und Sprachverständnis machen von Woche zu Woche Fortschritte. „Buch!" ist sein erstes Wort, wenn er in mein Haus kommt. In seiner zielbewußten Art geht er sofort auf den Platz in meinem Arbeitszimmer los, wo seine Bücher stehen, holt eins heraus und legt es vor mich hin. Lange Zeit kann er es ruhig und gesammelt betrachten und immer wieder die gleichen Erklärungen dazu hören. Es müssen sogar stets die gleichen sein. Es handelt sich immer um dieselben drei oder vier Bücher und um dieselben Worte und Töne zu jedem Bild. Daß er es so und nicht anders haben will, scheint mir ein Verlangen des kindlichen Geistes nach Ordnung, Wahrheit und Klarheit auszudrücken. Vielleicht gehört es zur Aufgabe der Großmutter, diese Kinderwelt in ihrer Begrenzung zu schützen vor den vielfältigen Zerstreuungen, die heute von allen Seiten an sie herangebracht werden; vor dem Andrang von allzuviel Neuem, womit die schöne Geschlossenheit eher verwirrt als erweitert würde.

Bei den Büchern, die ich David zeige, handelt es sich in der Hauptsache um naturalistische Tierabbildungen, und es werden beim Betrachten alle Laute nachgeahmt, die den verschiedenen Geschöpfen eigen sind. Sehr bald kann David selber Auskunft geben über Namen und Stimme der dargestellten Tiere. Und schon auf dieser Stufe beginnt die Welt der Bücher eine dritte Dimension anzunehmen. Nachdem ich David einmal gesagt habe, daß das Kalb der großen Kuh, die da einsam auf der Wiese steht, wahrscheinlich in der Scheune im Hintergrund seinen Mittagsschlaf hält, ist das eine feststehende Tatsache für ihn. Damit hat er eine geistige Leistung vollbracht, nämlich die, auch Dinge wahrzunehmen, die auf dem Bild nicht zu sehen sind. Und das gerade macht den Unterschied aus zwischen einem Buch und einem Fernseh- oder Radioapparat. Man muß selber etwas dazutun, muß, wenn auch in bescheidenem Maße, selber schöpferisch werden, denken, die Einbildungskraft üben, während der Apparat fertig zubereitete Geisteskost verabfolgt, die nicht einmal mehr gekaut zu werden braucht.

Für David ist es nur ein Schritt von abgebildeten Tieren zu lebenden. Der Schäferhund Prinz hatte schon immer einen festen Platz in seinem Leben.

Aber auch die Katzen bei seinem Babysitter und den schwarzen Kater Schnurri bei der Großmutter kennt und liebt er und verschwendet seine ganze Zärtlichkeit an sie, die sie nicht so recht zu schätzen wissen. Sie sind immer noch lieber als das schönste Bilderbuch. Vom Fenster aus beobachtet er Vögel, Katzen und Hunde auf der Straße. Im Garten verfolgt er Schmetterlinge, und es fällt schwer, ihm beizubringen, daß diese bunten Flatterwesen nicht gestreichelt, nicht „begriffen" werden wollen. Bei Autofahrten über Land entdeckt er Kühe, Pferde und Schafe oft lange, ehe wir sie sehen.

Sein Gesicht leuchtet dann auf, sein Finger weist hin, er ruft ihnen die Laute zu, die er zu ihnen gehörig weiß, und am frohesten ist er, wenn er aussteigen darf, um einen kleinen grauen Esel, ein Kaninchen, ein schwarzes Schaflamm zu streicheln. Noch nie hat er vor einem lebenden Wesen Angst gehabt. Selbst als ihm der Schnurri einmal mit den scharfen Krallen über die Hand fährt, weil er keine Lust hat, sich ans Herz drücken zu lassen; als ihn ein fremder Hund, den er unversehens von hinten anfaßt, in den Finger zwickt, ändert das nichts an seiner Überzeugung, daß Tiere zum Liebhaben da sind.

Das wenigstens, denkt die Großmutter, hat er von mir: diese elementare Verbundenheit mit allem Lebenden.

Bis David eines Tages unterwegs ein brummendes, nach Öl stinkendes, knirschendes Ungetüm von Maschine sieht: einen Zementmischer. Was daran seine Phantasie anspricht, bleibt uns Erwachsenen unerfindlich. Er erstarrt buchstäblich in hingerissenem Staunen und Schauen; er reckt sich den Hals aus, um das Ding möglichst lange zu beobachten, wie es da, schwarzen Qualm ausstoßend, über die Landstraße rollt. Zementmischer wird sein erstes zusammengesetztes Wort, und mehrmals täg-

lich erhebt er nun die dringende Forder-
ung, wieder dorthin gebracht zu werden,
wo seine erste Begegnung mit der greu-
lichen Radaumaschine stattfand.

Laßt uns hoffen, daß die Phase des Ze-
mentmischers vorübergehen wird wie
alle anderen.

Ein junges Reis vom alten Stamm

von Ephraim Kishon

Jede Premiere ist mit Lampenfieber und Aufregungen aller Art verbunden, aber die erste Vorstellung eines Neugeborenen vor der Verwandtschaft, sozusagen seine Uraufführung, stellt alles in den Schatten.

Da die beste Ehefrau von allen darauf bestanden hatte, unsern Sohn Rafi mitten in der Nacht zur Welt zu bringen, konnte ich die elterliche Inspektion erst am folgenden Tag vornehmen. Der Arzt ersuchte mich, unbedingt allein zu kommen ein sehr vernünftiger Wunsch, dem ich willig Folge leistete. Ich nahm lediglich meine Mutter mit, einfach deshalb, weil sie meine Mutter ist, und außerdem, um Familienzwistigkeiten zu vermeiden, Rafis Großeltern mütterlicherseits. Natürlich mußte man unter den gegebenen Umständen auch Tante Ilka und Onkel Jakob berücksichtigen, aber sonst nur noch die Zieglers, die für den neuen Erdenbürger ein süßes kleines Geschenk vorbereitet hatten, bestehend aus gestrickten Miniaturschuhen in Weiß, einer ebensolchen Kopfbedeckung und einem Paar bezaubernder himmelblauer Höschen. Übrigens stellten sich auch Tante Ilka und Onkel Jakob mit dem gleichen Geschenk ein, ebenso meine Mutter und eine Anzahl von Freunden und Bekannten. Und der Milchmann. Schade, daß unser Kind mit der Zeit wachsen wird. Es wäre sonst bis ans Lebensende mit Kleidung versorgt gewesen. (Eines ist sicher: Wer mich in Hinkunft zu einer Beschneidungsfeier einlädt, bekommt von mir ein süßes kleines Geschenk.)

Nun verhielt es sich keineswegs so, als hätte ich über dem Neugeborenen etwa seine Mutter vergessen, o nein. Nur zu gut entsann ich mich des feierlichen Versprechens, das ich ihr während der schweren Stunden vor der Geburt gegeben hatte und in dem immer wieder die Worte „Brillantschmuck" und „Nerz" vorgekommen waren. Nach der glücklich vollzogenen Ankunft unseres Rafi begann ich die Lage allerdings etwas ruhiger zu betrachten und fand es lächerlich, jetzt, da der Sommer nahte, einen Pelzmantel zu kaufen. Ich begnügte mich damit, auf dem Weg zur Klinik einen Juwelier aufzusuchen. Mein Blick fiel auf ein diamantenbesetztes goldenes Armband und dann auf den Preis. Damit war die Sache erledigt. So etwas kann meine Frau nicht von mir verlangen. Wofür hält sie mich eigentlich? Für einen zweiten Onassis? Nur weil sie ein Baby zur Welt gebracht hat? Das haben schon andere Frauen vor ihr getan. Ich erstand also einen wunderschönen, mit Goldfäden zusammengebundenen Strauß roter Nelken und eine Banane für Rafi. Überdies hatte ich meinen besten dunklen Anzug angelegt, solcherart den Respekt bekundend, den ich der Leistung meiner Ehefrau entgegenbrachte. Sie sollte sehen, daß ich ihr die

Höllenqualen, die ich in der vorange-
gangenen Nacht durchlitten hatte, nicht
übelnahm. Ich würde ihr gar nichts
davon sagen. Meinetwegen brauchte sie
sich keine Gewissensbisse zu machen.

Unterwegs schärfte uns meine Mutter
ein, dem Baby gegenüber eine Distanz
von mindestens anderthalb Metern zu
wahren, damit es nicht mit den Viren,
Mikroben und Bazillen in Kontakt kä-
me, die wir mitbrächten. Der Ratschlag
fand keine übermäßig günstige Aufnah-
me. Tante Ilka zum Beispiel hielt es für
wichtiger, daß dem Baby besonders von
Seiten der Großeltern jene dümmliche
Konversation erspart bliebe, die sich in
Redewendungen wie „kutschili-mutschi-
li" zu ergehen liebte; dies wäre der erste
Schritt zu einer völlig verfehlten Erzie-
hung.

In einigermaßen gereizter Stimmung
erreichten wir die Klinik.
Der Portier, der offenbar eine anstren-
gende Entbindungsnacht hinter sich

hatte, gab sich gerade einem kleinen Nickerchen hin, so daß wir mühelos an ihm vorbeikamen. Eine Krankenschwester wies uns den Weg zu Rafis Mutter. Mit angehaltenem Atem klopften wir an die Türe, traten ein und standen in einem leeren Zimmer.

Onkel Jakob, der sich auf zwei Semester Pharmakologie berufen kann, klärte uns auf: Wahrscheinlich fände soeben die sogenannte Nachgeburtsuntersuchung statt.

In diesem Augenblick ertönte vom Korridor her der triumphierende Aufschrei Tante Ilkas:

„Hier! Hier!"

Wir stürzten hinaus – und da – auf einer Art Buffetwagen – nach unten ein wenig ausgebuchtet – weiß in weiß –

„Lieber Gott, das Kleine", flüsterte Großmama mütterlicherseits. „Wie süß es ist. Wie süß …"

Auch meine Mutter brachte nur mühsam ein paar Worte hervor:

„O du mein Herzblättchen ... O du mein geliebtes Herzblättchen ... "

„Ich kann leider gar nichts sehen", stellte ich fest.

„Natürlich nicht", belehrte mich Tante Ilka. „Das Kleine ist ja völlig eingepackt." Behutsam zog sie das weiße Laken ein wenig zurück und fiel in Ohnmacht. Da lag Rafi. Ich sage nicht zuviel: ein Barockengel. Um sein zartes Köpfchen schwebte es wie goldener Heiligenschein.

Großmama brach in Tränen aus: „Der ganze Oskar. Meinem seligen Bruder Oskar wie aus dem Gesicht geschnitten. Der Mund ... und die Nase ..."

„Und was ist mit den Ohren?" erkundigte sich Großpapa.

„Die hat er von mir!"

„Unsinn", widersprach Onkel Jakob.

„Wem ein Kind ähnlich sieht, erkennt man am Kinn. Und das Kinn hat er von Viktor. Genauso schiebt Viktor sein Kinn nach vorne, wenn er beim Bridge ein schlechtes Blatt bekommt."

„Wenn ihr mich fragt", mischte sich Frau Ziegler ein, „ist er ein genaues Ebenbild seiner Mutter. Ich sehe sie vor mir. Besonders die Augen. Er macht sie genauso auf und zu wie sie. Ganz genauso. Auf-zu, auf-zu ... "

Ich meinerseits war ein wenig verwirrt. Beim Anblick des Kleinen hatte ich mein Herz laut schlagen gehört und dazu eine innere Stimme, die mir zuraunte: „Das ist kein Spaß, alter Knabe, das ist dein Sohn, dein Sprößling, dein Stammhalter." Ich liebte Rafi von der ersten Sekunde an, ich liebte ihn leidenschaftlich. Und trotzdem, ich weiß nicht recht, wie ich mich ausdrücken soll: er sah eigentlich mehr einem alten Börsenmakler ähnlich als irgend jemandem sonst: glatzköpfig, zahnlos, mit tiefen Ringen unter den Augen und mit geröteter Haut ...

Gewiß, er war ein herziger kleiner Makler, das ließ sich nicht leugnen. Aber die Enttäuschung, daß er bei meinem

Anblick nicht sofort „Papi, Papi!" gerufen hatte, nagte an mir.

Jetzt öffnete er den Mund und gähnte sich eins.

„Habt ihr seinen Gaumen gesehen?" stieß Tante Ilka hervor. „Onkel Emil, wie er leibt und lebt!"

Wahrlich, die Natur wirkt Wunder. Oder ist es nicht wunderbar, daß ein so winziges Wesen alle physischen und geistigen Eigenheiten seiner Vorfahren in sich vereinigt? Tief bewegt umstanden wir unseren Nachkommen.

„Entschuldigen Sie", sagte eine Schwester und schickte sich an, den Buffetwagen wegzuschieben.

„Wo ist Frau Kishon?" fragte ich. „Was für eine Frau Kishon?"

„Die Mutter. Ist das nicht der Sohn von Frau Kishon?"

„Das Baby hier? Das gehört Frau Sharabi. Außerdem ist es ein Mädchen ..."

Und sie schob den häßlichen kleinen Wechselbalg mit sich fort.

Es ist höchste Zeit, daß etwas gegen die anarchischen Zustände in unseren Spitälern unternommen wird.

Der
Kerzenhalter

von Barbara Seuffert

Eine richtige Oma freut sich über alle Geschenke ihrer Enkelkinder, bewundert sie laut und oft aus ehrlichem Herzen, zeigt sie stolz allen Besuchern, heimst Lob und Anerkennung ein und hütet die Liebesgaben wie einen Augapfel in ihrer schönsten Vitrine. Die Zeichnungen und Brieflein werden an die Wand geheftet, die Topflappen in Reichweite beim Herd aufgehängt gut sichtbar, aber nicht für jede unbefugte Hand zum Gebrauch bestimmt. Die Topfuntersetzer prangen in Reih und Glied auf dem Fensterbrett, die Serviettenhalter und -ständer stehen zierlich auf der Kaffeetafel, geflochtene und abwaschbare Bierdeckel liegen unter den Gläsern, Trockensträuße und Kränze zieren die Wände und fangen auf den Schränken Staub. Alles ist nützlich, geschmackvoll und mit viel Liebe angefertigt. Eine richtige Oma braucht eigentlich ein Haus und ein Raritätenkabinett, um diese wunderbaren Dinge zu horten, die ihre wunderbaren Enkelkinder in mühevoller Arbeit und meistens unter Anleitung pädagogisch geschulter Kräfte hergestellt haben.

Manchmal – in besonders gepflegten Haushalten – frage ich mich, wo die Leute diese überaus herrlichen Produkte kindlicher Liebe verstecken. Wo mögen alle diese Kostbarkeiten verschwunden und untergebracht sein? Die Zimmer sind stilecht gehalten, und nirgends ist ein Strickliesel-Untersetzer zu entdecken ... Für mich ist das unmöglich: ein supersauberes Haus zu haben mit stilvoller Einrichtung und gleichzeitig paradiesische Schätze von Geburtstags-, Muttertags- und Weihnachtsgeschenken zu besitzen. Wie machen das nur die anderen Leute, daß sie so aufgeräumte, durchgestylte Wohnungen haben, ohne die Gefühle ihrer bastelnden, in Liebe an sie denkenden Kinder und Enkelkinder zu verletzen?

Unsere Oma rang beim letzten Umzug die Hände über einigen Kartons mit Umzugsgut. Sie konnte diese Sachen beim besten Willen nirgendwo unterbringen, da sie sich doch jetzt „verkleinert" hatte. Also übernahm ich die Erbmasse und wickelte aus, wickelte aus, wickelte aus: siebenundzwanzig Kerzenhalter (in Zahlen 27). Kleine gematschte aus Ton, buntlackiert und glänzend, große genagelte Blumentöpfe als Windlichter, Engel mit ausgestreckten Armen als Armleuchter, goldene Stanniolpapier-laternen, Laternen mit Kerzen, Wurzel-gebilde und -gestalten, oben mit einer Kerze garniert, Weihnachtsmänner und Osterhasen mit und ohne Untersetzer als Kerze – bis zur Nase abgebrannt, anstelle des Hirns ein Stück schwarzen Dochtes. Was haben wir denn hier? Eine hohle Hand aus Keramik, in ihr liegt eine Kugelkerze, erst einmal benutzt. Wahnsinn! Ein Riesenei mit Aufschrift und Schleife als Kerze. Ein

Wachsstock, echt Bienenwachs. 100 % reines Bienenwachs, riecht gut, nur ein bißchen staubig. Ein Drahtgestell für 25 kugelige lila Kerzen am Stück beziehungsweise am Dochtfaden, also nein, was es nicht alles gibt! Vier rote Adventskerzen auf einen Plastikkranz montiert, das nächste Weihnachtsfest kommt bestimmt. Silberbesprühte Geburtstagskerzenhalter mit Jahreszahlenkerzen drauf. Und das alles hegte und pflegte die liebe Oma und weiß nun nicht, wohin damit.

„Gib her, ich heb es auf." „Aber daß du es nicht zum Basar gibst oder als Tombola-Gewinn. Nein, das ist zu schade. Das Herz würde mir brechen, wenn ich diese Kerzenhalter auf dem Flohmarkt wiederfinden müßte. Nein, das ist zu schade, sieh mal, das ist die erste Kindergartenarbeit von Daniel. Ist das nicht entzückend?" Dann wickelte ich noch einen Kochlöffel aus mit eingebohrten Löchern für vier Kerzen. Auch für ihn gab es ein ergreifendes Wiedersehen. Ich versprach, daß er niemals auf einem Flohmarkt sein Ende finden würde.

Dann erschien ein längliches Brett, auf das halbe Eierschalen geklebt waren – ein Armleuchter in sehr phantasievoller Ausführung.

Insgesamt siebenundzwanzig Kerzenhalter.

Und jeder hat seine eigene kleine Geschichte. Jeder ist sozusagen der Beginn eines kreativen Lebens. Jeder ist ganz individuell für die Oma ein Zeichen der Zärtlichkeit und Dankbarkeit, sagt ohne Worte: Danke, Oma, ich hab dich lieb.

Nun aber zog die liebe Oma in eine neue, kleinere Wohnung. Die Enkel steckten die Köpfe zusammen. Was schenken wir ihr zum Einzug? Es muß etwas sein von bleibendem Wert!

Nein, es ist keine Pointe mehr. Sie wissen es, Sie ahnen es.

Es ist überhaupt nicht zum Lachen. Nur das Leben schreibt Geschichten mit solch langweiligen Gags und Schlußakkorden. Allerdings: Dieser gedrechselte Kerzenhalter ist flächendeckend. Seine Ausmaße kann man sich kaum vorstellen. Und die Kerze darauf ist goldverziert und trägt die Jahreszahl, nein, keine goldene 28, sondern die Zahl des Jahres, in dem der Umzug mit den siebenundzwanzig Kerzenhaltern stattfand.

F wie Freunde und Freundinnen

von Christine Nöstlinger

Jeder weiß, dass sich „Kinder ihre Freunde selbst aussuchen", nur folgt halt meistens dem Selber-Aussuchen ein zähes Gerangel um das „Behalten", weil erwachsene Familienmitglieder meinen, das Kind habe in seinem Unverstand falsch ausgesucht. Manche Großmutter ist diesbezüglich abgeklärt, schließlich hat sie bereits an ihren Kindern erlebt, dass man wenig dagegen tun kann, wenn so ein Stöpsel seine Zuneigung an ein unwürdiges Objekt vergeudet. Gibt freilich auch hartnäckige Frauen, die stur bei der nächsten Generation wieder versuchen, lenkend einzugreifen. Das ist ja auch verständlich, wenn es nicht gerade um spießig-kleinkarierte Vorstellungen von „schlechtem Umgang" geht, sondern schlicht darum, dass man sein Enkelkind vor Kummer, Enttäuschung und bitterer Erfahrung schützen will. Und das fängt schon im Windelhosen-Alter an!

Da sitzt die Wuzi-Oma (keine Ahnung, wie die zu diesem Namen kam) auf der Parkbank und beobachtet ihren kleinen Burschi in der Sandkiste. Sie sieht natürlich auch das kleine, reizende Mäderl, das dem Burschi so allerliebst zulächelt, ihm sogar zwecks Anbahnung einer Sandkistenfreundschaft ihr rotes Küberl andient. Und was macht der Burschi? Er ignoriert Mäderl und Küberl und bietet seinerseits einem verschlagen dreinblickenden Gnom seine blaue Backe-backe-Kuchenform an!

Der Gnom wirft ihm zum Dank eine Hand voll Sand in die Augen. Aber vernünftig macht das den Burschi nicht! Kaum haben die Tränen den Sand aus seinen Augen geschwemmt, stolpert er wieder auf den Gnom zu und wirbt um einen freundlichen Blick. Da muss man doch eingreifen und den Burschi locken: „Schau, Burschi, das liebe Mäderl will mit dir spielen!" Und da der Burschi erst acht Kilo wiegt, kann man

ihn auch – bevor er eine zweite Ladung
Sand in die Augen kriegt – hochheben
und neben dem reizenden Mäderl ab-
setzen. Hilft natürlich nichts, aber pro-
biert hat man es wenigstens.

Ebenso muss die Wuzi-Oma sieben
Jahre später probieren, dem Burschi
die Bea auszureden. Bringt doch nichts,
wenn er in der Schule neben ihr sitzt!
Sie tratscht dauernd, lenkt den Burschi
vom Lernen ab, stibitzt ihm den roten
Buntstift, spricht hinter seinem Rücken
schlecht über ihn und erzählt ihm ordi-
näre Witze, die der naive Burschi gar
nicht versteht!

Wieder sieben Jahre später muss sie
versuchen, den Burschi davon abzuhalten, sich mit dem Alexander zu tref-
fen. Der hat nämlich einen tätowierten
Kohlweißling auf der rechten Wange,
acht Silberringerln im linken Ohrwa-
schel und ein Silberkugerl im rechten
Nasenflügel, spart auf eine Honda und
schaut so aus, als ob er für die Freigabe

von Haschisch wäre. Und der Burschi ist doch so leicht zu beeinflussen, macht immer die nach, die er bewundert!

Und sollte die Wuzi-Oma ein biblisches Alter erreichen, wird sie wohl auch noch versuchen, dem fünfzigjährigen Burschi auszureden, dass er mit seinem Bürokollegen kegeln geht! Denn der hat angeblich nicht nur fürs Kegeln etwas übrig, sondern auch für Seitensprünge. Und der Burschi ist ja immer noch so leicht beeinflussbar und orientiert sich immer noch an seinen Freunden! Darum sollte er vernünftig sein und lieber mit seinem Nachbarn in den Männergesangsverein gehen, noch dazu, wo er so eine wunderbare Singstimme hat, die seit Jahrzehnten brachliegt!

Aber hoch ist der Wuzi-Oma anzurechnen, dass sie jedes Mal nur dezent seufzt, wenn sie erfahren muss, dass der Burschi wieder von einem der „selber ausgesuchten" Freunde bitter enttäuscht wurde und dass sie noch nie gesagt hat: „Hättest du halt auf deine Großmutter gehört, dann wäre dir das erspart geblieben!"

Die werdende Großmutter

von Margot Benary-Isbert

Da hört man jetzt so viel von Kursen für werdende Eltern, aber hat schon jemand daran gedacht, einen Kurs für werdende Großmütter abzuhalten?

Oder wenigstens ein Buch eigens für sie zu schreiben? Dabei behauptet man aber, Großmütter seien ein Problem erster Ordnung. In meiner Jugend gab es einen Professor der Kinderheilkunde, der seinen Studenten gerne zwei bestimmte Fragen stellte, auf die er ganz bestimmte Antworten erwartete, wenn man es mit ihm nicht gründlich verderben wollte. Die erste Frage lautete: „Was ist das größte Gift?" Antwort: „Protein." Die zweite: „Und welches ist die größte Gefahr für das Kind?" – „Die Großmutter."

Da inzwischen der Wert, ja die Notwendigkeit des Proteins in der Kinderernährung eingesehen wurde, könnte man annehmen, man habe auch mit dem Vorurteil aufgeräumt, in der Großmutter eine Gefahr zu sehen.

Doch auch in Irrtümern schlummert oft ein Körnchen Wahrheit, und so muß man bedenken, daß in früheren Zeiten die Großmütter in dem Ruf standen, ihren Enkel zu verwöhnen. Nun ist es aber so, daß Eltern früher im allgemeinen wesentlich strenger mit ihren Kindern waren als jetzt und daß deswegen die Großmutter ganz naturgemäß das mildernde, nachsichtige Element darstellte. Eltern unserer Zeit neigen dazu, teils aus Bequemlichkeit, teils aus Zeitmangel, teils auch als Anhänger moderner Erziehungsmethoden, den Kindern nahezu ungezügelte Freiheit zu lassen. Und hier dreht sich die Rolle der Großmutter um.

Sie hat nun zu beweisen, daß etwas straffer gespannte Zügel, wenn sie von Liebe geführt werden, dem Kind nur zum Segen werden können.

Aber augenscheinlich sind Großmütter nun einmal, so gut wie Schwiegermütter, auch jetzt noch eine Zielscheibe für unangebrachte Witze und unverdiente Kritik.

Erst kürzlich las ich in dem Artikel eines Kinderarztes, daß es seine Tätigkeit bedeutend erschwere, wenn eine Großmutter im Hause sei. „Die Großmutter", behauptete er, „sollte behandelt werden, ehe der Arzt sich das kranke Kind überhaupt ansieht. Väter erweisen sich meist schweigsam vernünftig, wenn auch nicht sehr brauchbar. Mütter, selbst die ängstlichen, kann man mit einiger Energie schnell in besonnene Pflegerinnen verwandeln. Großmütter aber ... für sie dürfte eine Vollnarkose das geeignete sein."

Welch eine kränkende und unzutreffende Verallgemeinerung! Leute, die so etwas sagen und schreiben, sollten sich doch überlegen, daß die Mehrzahl der Großmütter aller Zeiten und Völker sich sicherlich als unschätzbare Hilfe bei Krankheitsfällen der Enkel erwiesen hat. Zudem müßte man gerechterweise auch bedenken, daß es wahrlich nicht einfach ist, eine Großmutter zu werden.

Aber wie denn, werden Unerfahrene fragen, was ist schon dabei, eine Großmutter zu werden? Mutter werden, ja, das ist eine Sache, und auch Vater werden mag nicht so leicht sein, wie es aussieht. Die Großmutter aber? Nun, die bekommt bestenfalls eines Tages mitgeteilt, daß ein Enkel erwartet wird, und nach der entsprechenden Anzahl von Monaten, Hokuspokus, wird sie eben eine Großmutter, ohne daß sie einen Finger gerührt hat.

So! Aber hat sich nicht ihr Herz gerührt? Wird es sich fortan nicht unablässig rühren in Liebe und Sorge um den Enkel? Und ist es nicht begreiflich, daß diese Sorge und Liebe sich zuweilen auch in ein wenig Torheit äußern wird, wie es das Vorrecht aller Liebe ist? Außerdem bedeutet es nicht den Eintritt in eine neue Lebensstufe, dieses Großmutterwerden? Ob man nun dabeisein und sich nützlich machen darf, oder ob man in der Ferne geduldig warten muß, es ist der Schritt in die alte Generation, wie jung man sich auch noch fühlen mag. Ein kühles Lüftchen weht einen an, bei aller herzbeklemmenden Freude: man ist mit einem Schlag in die vorderste Linie gerückt. Wie Sonnenwende ist das. Vielleicht liegen die schönsten Tage des Sommers und Herbstes noch vor einem; vielleicht werden die süßesten Früchte noch reifen, fest steht, daß der Zenit überschritten ist

Habt Geduld mit der Großmutter. Sie wird es brauchen.

Was den Umgang mit Kinderärzten betrifft, darf man wohl zur Entschuldigung der noch ungeübten Großmutter, die vielleicht etwas überängstlich sein mag, sagen, daß sie nach ihrem eigenen langen Leben die Gefahren, die das geliebte Kind bedrohen, besser kennt als die noch blind dem Arzt vertrauende

junge Mutter. Sie mag auch Grund haben, gegen die Unfehlbarkeit der Jün-
ger Äskulaps ein wenig skeptisch zu
sein, und sie mag gelegentlich alten, be-
währten Hausmitteln mehr vertrauen
als den neuesten Erkenntnissen der me-
dizinischen Wissenschaft. Es ist nicht
ausgeschlossen, daß sie damit sogar
manchmal recht behalten wird. Wenn
aber ein Laie recht behält, so können
das Vertreter aller Wissenschaften, besonders Mediziner, sehr schlecht vertra-
gen. Und so mag denn zwischen Großmutter und Arzt gewissermaßen eine
Erbfeindschaft bestehen, die freilich
keine so drastischen Mittel wie eine
Vollnarkose rechtfertigt.

Zweierlei weiß ich nun also aus den
Briefen der Tochter: daß ich eine wer-
dende Großmutter bin und daß meine
Unterstützung bei dem bevorstehenden
Ereignis freundlich, aber entschieden
abgelehnt wurde. Ebenso fand unser
Vorschlag keinen Anklang, anstelle

meiner gesparten Reisekosten eine Säuglingspflegerin für die ersten Wochen zu bezahlen. Das hätten wir uns vorher denken können. Auch eine Pflegerin wäre ja ein Fremdkörper innerhalb der Familieneinheit; auch sie würde in den „wunderbaren ersten Wochen" als Störung empfunden und vermutlich die Gemütswerte gefährden. Mir bleibt zunächst nichts übrig, als mir Sorgen zu machen, und das tue ich denn auch mit Inbrunst und Ausdauer.

„Wenn man sich das vorstellt, ein gänzlich unerfahrenes junges Ehepaar in dieser Situation!" sage ich bei einem unserer abendlichen Zwiegespräche zu Ben, dem werdenden Großvater, der glücklicherweise auch dieser neuen Wendung in unserem vielbewegten Leben mit philosophischer Gelassenheit gegenübersteht.

„In was für einer Situation?" fragte er unschuldig.

„In so einer! Man sieht ja, was sie fertig bringen: das Kind ist in anderen Umständen, und der Unmensch schleppt sie unter den Wasserfall. Das muß doch schiefgehen."

„Das Kind", gibt Ben zu bedenken, „ist schließlich kein hilfloses Wesen, das sich einfach verschleppen läßt. Wie ich unsere Tochter kenne, wird der Gedanke an Hochgebirge und Wasserfall eher in ihrem als in Jans Kopf entstanden sein. Sie war immer für Extratouren. Wahrscheinlich wird sie sich gesagt haben: bald ist es aus mit der goldenen Freiheit, bald muß ich an der Wiege stehn, bildlich gesprochen, denn Wiegen sind sicher auch längst aus der Mode. Aber wie es auch sei, ich höre sie ordentlich ausrufen: Auf nach Yosemite, so lange es noch Zeit ist!"

„Das sähe ihr allerdings ähnlich. Und nun schreibt sie auch noch, daß in den drei mittleren Monaten schlechterdings alles erlaubt ist. Sie wollen, ehe sie an der Wiege stehn, ganz schnell noch mal die Schwiegereltern am Lake Tahoe besuchen. 500 Meilen Autofahrt, grob über den Daumen gepeilt. Und dort wird natürlich wieder gewandert, höchstens fünfzehn Kilometer am Tage und ohne bergsteigerischen Ehrgeiz. Schwimmen in dem eiskalten See versteht sich von selbst, und ich will froh sein, wenn sie nicht an Wasserskiing denken. Sag mal ganz ehrlich, hältst du es für möglich, daß es gut geht bei diesem Lebenswandel?"

Ben gibt beruhigende Brummtöne von sich und klopft mir den Rücken, wie man es tut, wenn sich jemand verschluckt hat. Ich habe ja in der Tat einen harten Brocken im Halse stecken.

„Schön, nehmen wir also an, es geht alles gut. Aber nun überleg mal weiter", sage ich. „Wenn es soweit ist, bleibt Cordula bestenfalls vier Tage in der Klinik. Was dann? Dann kommt das arme Kind heim, und es ist nicht einmal eine

Putzfrau da, von einer Pflegerin ganz zu schweigen. Wer badet das Baby, wer legt es trocken? Wer kocht, macht die Wohnung sauber, plättet, faltet die Windeln, kauft ein? Alles der säuglingskursgeschulte Vater? Das möchte ich sehen. Und die arme Wöchnerin selber! Du wirst doch nicht glauben, daß ein Mann daran denkt, ihr alle zwei Stunden etwas nett Zurechtgemachtes ans Bett zu bringen, zum Essen und vor allem zum Trinken. Wie mir damals unser gutes Engelchen, weißt du noch?"

Und ob er es noch weiß. Kommt es doch uns beiden vor, als wäre es erst gestern gewesen.

„Es ist eben jetzt alles anders", sagte er. „Nicht nur hier, auch in Europa. Nirgends haben die jungen Mütter mehr so viel Hilfe wie in unserer Zeit. Dienstboten sind eine ausgestorbene Spezies. Außerdem sollen es die Ärzte sogar für gut halten, wenn sich die Mutter nach der Geburt bald kräftig bewegt. Und das ist vielleicht gar nicht so abwegig. Denk an die Naturvölker ..."

„Jetzt kommst du mir auch noch mit den Naturvölkern, die mir schon die Tochter als leuchten des Beispiel hingestellt hat. Aber schließlich sind wir ja keine Naturvölker mehr."

Das muß Ben zugeben.

„Dafür haben aber die Väter gelernt, mit Säuglingen umzugehen, und im Haushalt sind sie ohnehin perfekt. Du erinnerst dich, daß Cordula schrieb, Jan hätte sich von allen Ehemännern am geschicktesten angestellt beim Babybaden."

„Kunststück, bei einer leblosen Gummipuppe! Aber wenn ich mir vorstelle, daß ein lebendiges Baby von rauhen Männerhänden gebadet wird! Natürlich wird das die Mutter nicht mit ansehen können, sie steht auf, viel zu früh steht sie auf, bekommt Fieber, die Milch geht weg ..."

„Weißt du, Liebste, es ist in manchen Lebenslagen ein Verhängnis, wenn man eine so lebhafte Phantasie hat. Schön und gut zum Bücherschreiben, aber zum Großmutterwerden bedenklich. Vergiß doch nicht, daß es sich bei heutigen jungen Ehemännern um etwas ganz anderes handelt als zu unserer Zeit. Ich bin sicher, die werden auch mit einem Säugling fertig, ohne ihm sämtliche Verzierungen abzubrechen. Weißt du was? Setz dich jetzt an die Schreibmaschine und mach dein sechstes Kapitel fertig. Das liegt noch genauso da wie vor drei Wochen, als wir das süße Geheimnis mitgeteilt bekamen."

Das ist echt Mann. Männer haben keine Ahnung, was es mit diesen Dingen auf sich hat. Es fehlt ihnen der Sinn fürs Elementare. Die werdende Großmutter ist ordentlich froh, daß sie eine so schöne Formel gefunden hat, mit der sie alle Beruhigungsmanöver ihres Mannes entkräften kann. Obwohl sie sich ja im Grunde nur allzugern beruhigen lassen will.

„Ihr habt keinen Sinn fürs Elementare, ihr Männer!" sagt sie. „Mich hinsetzen und schreiben, wenn mein einziges Kind in einer solchen Lage ist und ich mit gebundenen Händen zusehen muß. Ich bin doch kein Nilpferd!"

„Ich kann mir ein Nilpferd schlecht an der Maschine vorstellen", wendet Ben ein. „Das kommt, weil es mir so ganz an der schöpferischen Phantasie mangelt."

„Ich meine doch nur wegen der dicken Haut. Und daß sie mich nicht haben wollen! Bin ich denn eine so unbrauchbare Person? Kann ich mich vielleicht nicht anpassen? Jaja, auch die absurdesten, lächerlichsten, unvernünftigsten Methoden würde ich stillschweigend schlucken, wenn ich nur helfen könnte. Was machst du für ein Gesicht?"

„Ich stelle mir vor, wie du stillschweigend schluckst."

„Jetzt zweifelst du auch noch an mir! Tröste mich lieber ein bißchen, ich bin nämlich sehr unglücklich."

„Daß du Großmutter wirst? Man sieht es dir aber wirklich nicht an."

„Als ob mir daran etwas läge!"

Aber dann nimmt der getreue Lebensgefährte die werdende Großmutter in den Arm und tröstet sie so sachverständig, wie er es in sechsunddreißig Ehejahren gelernt hat. Sie hat nun einmal die Gabe, sich alle möglichen schrecklichen Dinge, die dann zum Glück meist nicht eintreten, vorher lebhaft auszumalen.

„Im Grunde genommen", sagt Ben am Ende dieses Gespräches, das nur eins von vielen ähnlichen ist, „im Grunde genommen hat es doch viel für sich, wenn du hierbleibst. Ich bin nun mal keiner von den praktischen jungen Ehemännern, die gelernt haben, alles selber zu machen. Wer weiß, wie die Wohnung aussehen würde und was von dem Geschirr noch übrig wäre, wenn du nach vier Wochen zurückkämst. Laß die jungen Leute ruhig allein fertig werden, wenn sie es denn nicht anders haben wollen. Im Notfall können sie immer noch telegraphieren."

„Da kennst du die schlecht." „Wir werden sehen. Und wenn sie sich diesmal ein wenig die Hörner ablaufen, schadet es auch nichts. Was bei so vielen gut geht, wird auch bei ihnen gut gehen, das wollen wir zuversichtlich hoffen. Trotzdem würde ich mich nicht wundern, wenn sie dann bei Nummer zwei trotz aller Psychologie heilfroh wären, wenn du hinkämst. Aber bis dahin wohnen wir hoffentlich in Kalifornien."

Das schönste Kompliment meines Lebens

von Christina Callori di Vignale

Ich habe vier Enkelkinder – zwei davon leben in Italien und zwei in Deutschland. Alle vier wachsen zweisprachig auf – die beiden Mädchen in Deutschland sprechen Deutsch und Italienisch und der Junge und das Mädchen in Italien sprechen Italienisch und Spanisch, weil meine Schwiegertochter Argentinierin ist.

Italienisch ist also die Sprache, in der wir uns alle miteinander verständigen können. Kompliziert wurde es nur ein einziges Mal, als die Kinder aus Italien einen Hund mitbrachten, der nur Englisch verstand, während die Kleinste noch in erster Linie Spanisch sprach: Da habe ich, gestresst, innerhalb eines Satzes oder gar Wortes sämtliche Sprachen vermischt. Aber in der Regel klappt die Verständigung ausgezeichnet – es sei denn der eine oder andere *will* nicht hören, was ja bekanntlich auch in einsprachigen Familien vorkommt.

Die Kinder aus Bologna sehe ich leider nicht allzu oft, während meine Enkeltochter Marilena gern mal zu Besuch kommt, denn sie wohnt relativ nahe. Ihre kleine Schwester ist noch an die Mutterbrust gebunden.

Immer wenn Marilena kommt, machen wir es uns gemütlich. Zuerst sitzt sie auf meinem Schoß und ich lese ihr aus ihren Lieblingsbüchern vor. Eigentlich kennt sie alle Geschichten schon, will sie aber immer wieder hören, und wehe, ich kürze einmal etwas ab, dann fällt sie mir sofort ins Wort und ich muss schön der Reihe nach weitererzählen. Irgendwann wird es ihr langweilig und sie will Pferd und Reiter spielen – natürlich bin ich das Pferd und sie ist der Reiter, sitzt auf meinem Rücken und treibt mich unter anspornenden Zurufen möglichst schnell auf allen Vieren durch die Wohnung. Begeistert ist sie, wenn sich das Pferd aufbäumt und die Reiterin abzuwerfen versucht, die sich natürlich nicht abschütteln lässt. Verliert auch dieses Spiel seinen Reiz, will Marilena tanzen – aber selbstverständlich keinen langsamen Walzer, sondern eine Mischung aus Polka und Rock'n' Roll. Da mir schließlich die Puste ausgeht, schlage ich vor, dass wir uns wieder einem ruhigeren Spiel widmen, und als alle Überredungskunst nichts hilft, appelliere ich an ihr Mitgefühl und versuche es mit: „Sono vecchia – ich bin alt – ich kann nicht mehr." Sofort hält Marilenchen inne – sie weiß zwar nicht wirklich, was alt sein bedeutet, aber mein Tonfall sagt ihr, dass es nichts ist, worüber ich froh bin. Sie nimmt mein Gesicht in beide Händchen, schaut mich liebevoll an und sagt tröstend: „Ma sei bella Nonna – aber du bist schön, Nonna." So etwas Wunderbares kann einem nur ein Enkelkind sagen und mir wird dabei so warm ums Herz, wie nie sonst in meinem Leben.

Was an Oma anders ist

anders ist

von Peter Härtling

Kalle gewöhnt sich rasch an Oma, wenn er auch ihre Wohnung komisch findet. Aber schließlich hat die Oma alle diese Möbel schon viele Jahre und kann sich seinetwegen nicht neu einrichten. Er hat fast ein eigenes Zimmer. Tagsüber näht Oma darin. Abends muß er dann immer Nadeln auflesen, damit er sich nicht in die Füße sticht.

Vieles an Oma ist anders als bei anderen Leuten. An einem der ersten Abende ging Kalle, weil er nicht einschlafen konnte, noch einmal ins Bad, das neben seinem Zimmer liegt. Er erschrak fürchterlich, als er in einem Wasserglas Omas Zähne sah. Er traute sich nicht, sie anzufassen, weil er fürchtete, sie könnten auch ohne Oma zuschnappen.

Am Morgen fragte er: Seit wann kann man Zähne aus dem Mund nehmen? Ich kann das nicht.

Die Oma erklärte ihm: Das sind gar nicht meine Zähne. Meine Zähne sind alle weg, die habe ich verloren. So wie du deine Milchzähne. Nur wachsen zum drittenmal keine nach. Also kriegt man welche gemacht.

Mußt du die auch putzen? fragte Kalle.

Die Oma wollte nicht weiter über ihre dritten Zähne reden und sagte: Das ist doch alles nicht so wichtig, Kalle.

Der ganze Tagesverlauf war bei Oma anders als zu Hause, mit Vater und Mutter. Die Oma stand noch früher auf als Vater, obwohl sie nicht ins Büro mußte. Sie erklärte auch warum: Mich zwickt und zwackt es am ganzen Leib. Das ist die Gicht, weißt du.

Kalle konnte sich die Gicht nicht vorstellen und sagte: Besucht dich jemand in der Nacht? Die Gicht?

Die Gicht ist eine Krankheit, sagte die Oma, die man im Alter kriegt.

Schon um sechs rappelte sie im Nebenzimmer herum, und dadurch wachte Kalle jedesmal auf. Nur hatte er keine Lust, ebenso früh aufzustehen, und zog sich die Decke über den Kopf und dachte an Vater und Mutter. Das tat er lange, fast ein Vierteljahr, bis er zur Schule kam und viele Freunde hatte.

Gefrühstückt wurde um sieben. Die Oma hatte eine Tasse, die war dreimal so groß wie die Tassen zu Hause. Es war ihr Kaffeenapf. Den machte sie bis zum Rande voll und schlürfte. Sie tat das, was Mutter ihm verboten hatte.

Er sagte: Schlürf nicht, Oma. Sie schaute ihn erschrocken an, setzte die Tasse ab und fragte: Sag mal, kannst du so mit mir reden?

Er sagte: Mutter hat immer gesagt, ich soll nicht schlürfen. Und du schlürfst.

Von da an bemühte sich Oma, nicht zu schlürfen. Es fiel ihr so schwer, daß sie beim Frühstück die Tasse nur zur Hälfte austrank und dann, wenn er im anderen Zimmer spielte, die zweite Hälfte ausschlürfte.

Oma hatte beschlossen, ihn, bevor er in die Schule kam, nicht noch einmal in den Kindergarten zu geben. Es ist besser, wir gewöhnen uns in diesem halben Jahr aneinander, Kalle, hatte sie gesagt.

Er fand es erst blöd, dann gut. Denn die Tage mit Oma waren abwechslungsreich, und es passierte immer wieder etwas. Vormittags trug er mit Oma Zettel aus. Oma bekam diese Zettel von irgendwelchen Fabriken. Auf denen stand, daß im „Astoria" eine Vorführung von Waschmaschinen ist und man auch ein Geschenk bekommt, oder daß man unbedingt den Kaffeefilter „Tausendsassa" kaufen soll.

Dafür bekomme ich nicht viel, sagte Oma, aber die Sache hält mich in Bewegung. Außerdem würde ich mir den Kram nie kaufen. Du weißt gar nicht, wie dumm Leute sind.

Wo die Oma hinkam, kannten sie die Leute. Dann machte sie ihren „Plausch". Das war Kalle eigentlich langweilig. Da er aber oft Bonbons bekam, blieb er dabei und behauptete: Ich find's ganz schön, wenn du austrägst. Nach dem

Austragen wurde eingekauft. Oma war in den Geschäften des Viertels gefürchtet. Sie ließ sich nämlich nichts vormachen. Sie sagte: Wenn ich jeden Groschen dreimal umdrehen muß, drehe ich auch dreimal das um, was ich mit dem Groschen kaufen will.

Kalle half ihr beim Umdrehen. Das ärgerte die Kaufleute. Einer sagte ihm, er solle seine dreckigen Pfoten von den Gurken lassen, worauf Oma ihn anherrschte: Waschen Sie ihre Gurken auch so oft wie der Kalle seine Hände?

Die Oma hatte einen tollen Witz, und das gefiel Kalle. Sie ließ sich nichts sagen und hatte vor niemandem Angst. Eher hatten die Leute Angst vor ihr. Wenn die Oma ein finsteres Gesicht zog, wurde der Kaufmann besonders freundlich. Sie machte immer neue Sprüche. Zum Beispiel sagte sie dem Bäcker alle drei Tage: Sagen Sie mal, schicken Sie Ihre Semmeln zur Abmagerungskur? Die sind schon wieder kleiner geworden. Und teurer.

Denen fiel dann meistens keine Antwort ein. Kalle begriff aber, daß die Oma ärmer war als die Eltern.

Wenn ich deine Waisenrente bekomme, wird es uns ein wenig besser gehen. Aber die Herren Beamten brauchen immer ihre Zeit. Die denken nicht an uns, sagte sie.

Kalle fragte, wer denn die Herren Beamten seien.

Das sind Leute, die hinter großen Schreibtischen sitzen, auf denen sie Papier hin und her schieben. Die machen, daß man Geld kriegt oder keines. Kalle konnte nicht verstehen, daß es so mächtige Leute gab. Manchmal wünschte er sich, auch so mächtig zu sein, um Oma eine Menge Geld zu schenken.

Das Kochen ging bei Oma schneller als bei Mutter. Am Herd vertrödelt man nur Zeit, sagte sie.

Nach dem Essen setzte sich Oma an die Nähmaschine, und Kalle ließ sie runter in den Hof. Dort kannte er am Anfang keines der Kinder. Die machten sich über seine Sprache lustig. Er redet wie ein Ausländer, fast wie ein Türke, sagten sie. Ich bin kein Türke, sagte er. Sie glaubten es ihm erst nicht. Als er es Oma erzählte, sagte sie: Warum hast du ihnen nicht gesagt, daß du ein Türke aus dem Ruhrgebiet bist? Mein Gott, die Kinder sind schon so dumm wie ihre Eltern. Die glauben, daß ein Türke ein schlechter Mensch ist, nur weil er ein Türke ist.

Nach einiger Zeit durfte Kalle mit den Kindern spielen. Und wenig später verkloppte er sich zum erstenmal mit Ralph, der schon sieben war und der als einziger befehlen durfte. Er besiegte Ralph nicht. Aber er kämpfte so gut, daß Ralph ihm nicht böse war.

Ralph hatte einen Fehler. Er konnte nicht richtig reden. Er redete zwischen den Zähnen. Anstatt „siehst du" sagte er „schiehscht du".

Anfangs hatte Kalle darüber lachen müssen und es auch der Oma erzählt, die ihm sagte: Es ist gemein, wenn du den Ralph auslachst. Fast jeder von uns hat eine Macke. Ich hab keine, sagte Kalle.

Doch, du hast auch eine, sagte die Oma, weil du meinst, daß du keine hast. Das ist auch schon eine.

Und du? fragte er.

Weißt du, sagte sie geheimnisvoll, ich habe sogar eine arge. Ich zeige sie dir mal.

Ein paar Tage später kam sie barfuß aus dem Bad, zeigte auf den rechten Fuß.

Siehst du, da ist die kleine Zehe mit der zweitkleinsten zusammengewachsen. Das ist eine von meinen Macken.

Hast du noch mehr? fragte Kalle.

Denkst du, daß ich dir alle auf einmal verrate? sagte Oma.

Abends war es ganz anders als zu Hause. Da hatte ihn Mutter gebadet, und manchmal, wenn es spät geworden war,

war der Vater dazugekommen, hatte gleich mitgeduscht, und es war ein richtiges Wasserfest gewesen.

Die Oma hatte ihm schon am ersten Abend den Waschlappen gegeben und ihm gesagt: Nun wasch dich mal.

Da hatte er, weil alles noch so durcheinander war, zu heulen begonnen. Die Oma mit. Deshalb hatte er wieder aufgehört und sich eben selbst gewaschen. Das machten sie von da an immer so. Die Oma setzte sich auf den Rand der Wanne und sah ihm beim Waschen zu.

Man kann dich richtig wachsen sehen, meinte sie.

Aber sie trocknete ihn ab. Das tat sie gern. Sie rubbelte ihn ungeheuer, bis er am ganzen Leib rot war, und sagte jedesmal: Das tut gut, Kalle, wie?

Eines war auch ganz anders als zu Hause: Wenn die Oma sich wusch, schloß sie sich ein. Offenbar hatte sie Angst vor ihm. Das fragte er sie auch nach einer Weile.

Sie sagte: Ach, Quatsch, Kalle. Nur sind alte Leute nicht mehr schön anzusehen.

Er sagte: Ich glaube, du schämst dich vor mir. Sie sagte: Das stimmt, Kalle.

Er fand es nicht richtig, konnte aber Oma nicht dazu bewegen, die Badezimmertür offen zu lassen.

Sie sagte: Du bist Kalle, und ich bin Oma, du bist klein, und ich bin alt. Das ist der Unterschied. Sonst gibt's keinen.

Das Gedicht zum Namenstag

von Leo N. Tolstoi

Als man uns sagte, daß bald Großmutters Namenstag sei und wir Geschenke für diesen Tag vorbereiten müßten, kam mir der Gedanke, für dieses Fest ein Gedicht zu machen; mir fielen auch sofort zwei sich reimende Zeilen ein, und ich meinte, daß es leicht sein würde, die anderen zu finden. Am Namenstag war ein Gedicht von zwölf Versen fertig, und ich saß im Schulzimmer am Tisch und schrieb es auf Velinpapier ab. Zwei Bogen hatte ich schon verdorben … Nicht weil ich irgend etwas ändern wollt – bewahre, die Verse schienen mir ganz ausgezeichnet; doch von der dritten Zeile an begannen sich die Enden nach oben zu biegen, so daß man sehen konnte, daß alles schief geschrieben war und nichts taugte.

Der dritte Bogen war ebenso schief wie die anderen; doch ich beschloß, es nicht noch einmal abzuschreiben.

In meinem Gedicht gratulierte ich der

Großmutter, wünschte ihr lange Jahre Gesundheit und schloß so: „Wir wollen dich nimmermehr betrüben und wie die eigene Mutter lieben."

Es hätte alles ganz hübsch sein können, nur der letzte Vers behagte mir nicht.

„Und wie die eigene Mutter lieben", wiederholte ich vor mich hin, „was könnte man anstatt Mutter sagen! Vielleicht Tante? Kusine? Ach was, es geht schon!" Großmutter war im Salon; gebeugt und auf die Stuhllehne gestützt stand sie an der Wand und betete inbrünstig; neben ihr stand Papa. Er wandte sich nach uns um und lächelte, als er sah, wie wir hastig die voreilig bereitgehaltenen Geschenke hinterm Rücken verbargen und bemüht, unbeachtet zu bleiben, in der Tür haltmachten. Der ganze Effekt, unerwartet zu erscheinen, war hin.

Als alle das Kreuz küssen gingen, fühlte ich mich plötzlich unter dem Druck einer unbestimmten, verdummenden Schüchternheit, und in dem Gefühl, daß mein

Mut nie ausreichen würde, mein Geschenk zu überreichen, versteckte ich mich.

Wer Schüchternheit kennt, weiß, daß dieses Gefühl je länger desto stärker wird, während die Entschlossenheit im selben Verhältnis nachläßt – das heißt: je länger dieser Zustand andauert, desto unüberwindlicher wird es, einen Entschluß zu fassen.

Der letzte Rest Mut und Entschlossenheit verließ mich, während Karl Iwanowitsch und Woloja ihre Geschenke überreichten, und meine Schüchternheit erreichte ihren Höhepunkt; ich fühlte, wie mir das Blut beständig vom Herzen nach dem Kopf stieg, wie mein Gesicht die Farbe wechselte und große Schweißtropfen auf Nase und Stirn traten. Meine Ohren brannten, am ganzen Körper fühlte ich ein Zittern und hervor brechenden Schweiß.

„Na, Nikolenka, zeig doch her, was du hast – eine Zeichnung oder ein Schächtelchen?" sagte Papa.

Es war nichts zu machen; mit zittern-
der Hand überreichte ich die verhäng-
nisvolle Rolle, doch meine Stimme ver-
sagte gänzlich, und ich stand schweigend
vor der Großmutter. Ich konnte meine
Fassung nicht wiedererlangen bei dem
Gedanken, daß man nun gleich, nachdem man eine Zeichnung erwartet
hatte, meine ganz schlechten Verse vorlesen würde – auch die Worte: „wie
die eigene Mutter", die deutlich be-
wiesen, daß ich sie nie geliebt und nun
ganz vergessen hatte! Wie soll ich die
Qualen schildern, die ich ausstand, als
Großmutter begann mein Gedicht vor-
zulesen, und, weil sie es nicht entziffern
konnte, mitten im Vers stecken blieb,
um dann mit einem Lächeln, das mir
damals spöttisch erschien, zu Papa hin-
überzublicken; als sie die Worte nicht
so betonte, wie ich es gemeint hatte,
und endlich, wegen ihrer schwachen
Augen außerstande war, bis zu Ende
zu lesen, das Blatt Papa reichte, mit der

Bitte, es ihr noch einmal von Anfang an vorzutragen. Es schien mir, als hätte sie es nur getan, weil ihr langweilig geworden war, solch schlechte, schief geschriebene Verse zu lesen und damit Papa selber den letzten Vers vorlese, der meine Gefühllosigkeit bewies. Ich erwartete, er würde mir mit meinem Manuskript eins auf die Nase geben und sagen: „Du unnützer Bengel, vergiß deine Mutter nicht. Das hast du dafür!" Doch nichts dergleichen geschah – im Gegenteil, als alles verlesen war, sagte Großmutter: „Charmant!" und küßte mich auf die Stirn. Das Schächtelchen, die Zeichnung und das Gedicht wurden neben zwei Batisttücher und ein Tabaksdöschen mit dem Bilde Mamas auf das Klapptischchen an dem Lehnsessel gelegt, auf dem die Großmutter immer saß.

„Fürstin Warwara Iljinischna", meldete einer der riesengroßen Lakaien, die sonst hinter Großmutters Wagen standen.

Großmutter starrte gedankenverloren auf das Bildnis, das in die Schildpattdose eingefügt war.

„Befehlen Eure Durchlaucht, sie hereinzubitten?" wiederholte der Lakai.

„Bitte", sagte Großmutter und lehnte sich tiefer in den Sessel.

Und jetzt kommt Oma!

von Lois Wyse

Von dem Augenblick an, in dem ihre Schwiegertochter Linda sie anrief und ihr mitteilte, sie brächte den zweijährigen Bobby für eine Woche zu ihr, strahlte Janet.

Sie strahlte, obwohl die Kassiererin im Supermarkt ihr versehentlich 2.20 zuviel berechnete, was sie erst merkte, als sie schon wieder zu Hause war. Sie strahlte, obwohl sie wegen des tropfenden Wasserhahns seit zwei Nächten nicht mehr geschlafen hatte. Sie strahlte sogar, als sie feststellte, daß kein Mensch ihr ein Kinderbett leihen konnte und sie sich ein zusammenlegbares würde kaufen und in ihrer winzigen Luxus-Wohnung ohne jede Abstellkammer jahrelang würde aufheben müssen.

Aber schließlich war es ihr Enkel. Sie hatte nur diesen einen, und er lebte bei ihrem Sohn und ihrer Schwiegertochter – dreitausend Kilometer entfernt.

Hier war die Chance ihres Lebens, einmal Großmutter zu spielen.

Eine ganze Woche! Man stelle sich nur vor, was sie alles mit Bobby anstellen konnte, wenn sie ihn für sich allein hatte. Sie würde ihm von ihrer Seite der Familie erzählen. Sie würde ihm von Opa erzählen, der vor Bobbys Geburt gestorben war. Sie würde ihn stolz sämtlichen Hausbewohnern vorführen. Sie würde ihn vielleicht sogar ins Restaurant mitnehmen, wenn sie zur Arbeit fuhr. Nein, in dieser Woche würde sie Urlaub nehmen.

Sie lächelte, als sie daran dachte. Natürlich, das würde sie tun.
Sie würde eine Woche ihres Jahresurlaubs schon jetzt nehmen, und wenn man ihr Schwierigkeiten machen sollte – nach zehn Jahren als Kellnerin, zehn Jahren mit schweren Tabletts und dem lächelnden Entgegennehmen von Bestellungen – , dann würde sie es ihnen zeigen und sich einfach eine Woche krank melden!

Tatsächlich bekam sie die acht Tage frei (ihr Chef war vor einer Woche selbst Großvater geworden), und überdies rückte ihre Freundin Dot mit dem tragbaren Kinderbettchen ihres Schwagers an.

Nun konnte nichts mehr schief gehen. Janet würde alles fabelhaft meistern. Trotz der Tatsache, daß ihre Schwiegertochter Linda eine jener staubfreien Schwiegertöchter war, die alles besser konnte als ihre Schwiegermutter.

Linda kochte besser, nähte besser, dekorierte besser und erzog zweifellos ihre Kinder viel besser, als Janet es getan hatte. Janet seufzte, wenn sie nur an ihre Schwiegertochter dachte. Es war leicht, Linda zu bewundern, aber schwer, sie zu lieben.

Nicht, daß ein solches Konkurrenzdenken heutzutage noch das geringste ausmachte.

Diese eine Woche wollte Janet sich jedenfalls ganz darauf konzentrieren,

Bobbys Herz zu gewinnen und nicht Lindas.

Das Flugzeug landete mit zwei Stunden Verspätung. Es gelang Janet trotzdem noch zu lächeln, als sie die beiden aussteigen sah.

Janet stupste ihrer Schwiegertochter einen Kuß auf die Wange und hob den brüllenden, schniefenden Bobby in die Höhe („Er sieht seinem Vater ähnlich, nicht wahr?"), um ihn zu küssen. Er jaulte prompt auf: „Will nachhauuuse."

Linda schüttelte den Kopf. „Sonst ist er gar nicht so. Aber er ist seit zwei Tagen erkältet, und der Flug ist seinen Nebenhöhlen schrecklich schlecht bekommen."

Janet nickte verständnisvoll. „Genau wie sein Papi", sagte sie.

„Ich glaube, das hat er von meiner Familie", sagte Linda rasch. „Wir haben alle Nasenprobleme."

Janet sagte nichts. Linda wollte so sehr das Alleinrecht an Bobby haben, daß er nicht einmal etwas Mieses von Vaters Seite geerbt haben konnte.

Die drei – eine grimmige Oma, eine steife Mami und ein übellauniges Gör – arbeiteten sich mühsam durch die Gepäckausgabe („Aber Linda, du brauchst das doch nicht selber zu tragen, ich hol' dir ein Wägelchen"), fanden auch das Auto auf dem riesigen Parkplatz wieder (Gott sei Dank, der Motor sprang an) und begannen ihre Fahrt.

Auf halbem Wege nach Hause setzte sich die Heizung zur Ruhe. „Ich hoffe, du magst sibirische Kälte", sagte Janet in dem Versuch zu scherzen.

„Leider nicht", sagte Linda. Dann gewann sie rasch ihre Haltung zurück. „Du kannst ja nichts dafür, aber Bobby. Er ist eben – na ja, er ist einfach übermüdet und im Moment auch noch schlecht beisammen. Und sicher hast du nicht geplant, daß die Heizung kaputtgeht."

Janet fuhr schweigend weiter.

In den ersten zwei Tagen rannte Bobby jedesmal weg, wenn Janet sich näherte. Nicht, daß Linda etwas sagte oder tat, um ihn gegen seine Großmutter einzunehmen. Er war wirklich nur ein kleiner Junge mit laufender Nase, der zu seiner Mami wollte.

Am dritten Tag sagte Linda zu ihrer Schwiegermutter: „Ich würde ja gern meine Tante besuchen, aber ich glaube, ich sollte mit Bobby nicht nachts in der Kälte rumgondeln."

„Ich mach' dir gern den Babysitter", fiel ihr Janet ins Wort.

„Schaffst du das denn? Denkst du, du kommst mit ihm klar?"

„Ich werde es versuchen", sagte Janet. „Ich glaube, ich weiß noch einigermaßen, wie man es macht. "

„Ich werde erst gehen, wenn er eingeschlafen ist", versprach Linda.

„Ich kann ihn aber auch ins Bett bringen", versicherte Janet.

„Er wird erwarten, daß ich ..."

Janet sagte nicht: „Natürlich wird er erwarten, daß du ihn ins Bett bringst. Du läßt ja gar nicht zu, daß er etwas anderes erwartet."

Bobby trank seine Milch, bekam seine Nasentropfen und seine Mami – in dieser Reihenfolge – und schlief ein. Zehn Minuten später ging Linda aus der Tür.

Janet setzte sich in ihr Wohnzimmer und sah fern, ein Ohr darauf eingestellt, daß jeden Augenblick im Nebenzimmer ein kleiner Junge zu wimmern begann.

Unmittelbar vor „Golden Girls" kam der erwartete Laut: „Mami! Mami!" gefolgt von einem Jammergeschrei.

Janet stand auf und spähte durch die Tür. „Oma ist bei dir", sagte sie.

Bobby warf ihr einen verächtlichen Blick zu und heulte laut auf.

„Mami ist eben mal weggegangen, aber Omi hat dich auch lieb", versicherte Janet.

Bobby schüttelte den Kopf und schrie noch lauter.

Plötzlich kam Janet eine Idee. „Du hast bestimmt noch nie etwas anderes gesehen als ‚Sesamstraße' und ‚Mickymaus'", sagte sie. „Da wird Oma mal deinen Horizont erweitern, mein kleiner Wicht."

Vor dem nächsten Aufheulen lupfte Janet ihren Enkelsohn aus dem geborgten Bettchen, nahm ihn unter den Arm und trug ihn ins Wohnzimmer.

„Das hier ist die Couch", sagte sie. „Deine Mami nennt es ein Sofa, aber in Wirklichkeit ist es eine Couch. Dort sitze ich, wenn ich fernsehe. Und ich sehe Kitschsendungen, Bobby. Nur die stelle ich an. Ich sehe Seifenopern und fürchterliche Familienserien und Sendungen, die von den Kritikern verrissen werden. Ich sehe mir nie etwas an, was für Kinder geeignet oder erzieherisch ist. Und beim Fernsehen esse ich auch noch Popcorn. Also beruhige dich,

Söhnchen, du bist bei deiner Oma, und wir beide werden uns prima amüsieren."

Unmittelbar vor den Spätnachrichten schlief Bobby ein, und Janet brachte ihn zurück in sein Zimmer. Als Linda nach Hause kam, versicherte ihr Janet, daß es Bobby ausgezeichnet gehe, einfach ausgezeichnet. Ihre nächtlichen Eskapaden erwähnte sie nicht.

Am nächsten Morgen lächelte Linda so intensiv, daß ihr fast das Gesicht geplatzt wäre. „Ist es nicht herrlich?" fragte sie. „Er ist so ausgeglichen, daß er überall schlafen kann."

„Wenn das so ist", sagte Janet, „solltest du dir für heute abend auch etwas vornehmen. Ich passe riesig gern auf ihn auf."

„Aber das ist doch so langweilig für dich", sagte Linda.

„Ach", sagte Janet wahrheitsgemäß. „Mir genügt es zu wissen, daß er ganz in der Nähe ist. Das ist ein gutes Gefühl."

An diesem Abend sahen Oma und Enkel eine alte Komödie an und aßen eine Tafel Milchschokolade.

Am nächsten Morgen wachte Bobby auf und rief nach der Oma.

Seine Mutter ging zu ihm hinein.

„Ich will Oma", sagte er und warf die Decken aus dem Bettchen.

„Oma hat zu tun", sagte seine Mutter mit verkniffenem Mund.

„Ich will Oma", sagte Bobby und drosch mit seiner Spielzeugente auf das Seitengitter seines Bettchens.

„Und jetzt kommt Oma", sagte Janet und imitierte dabei den Hauptdarsteller des Films, den sie gestern abend angeschaut hatten.

Bobby quietschte vor Vergnügen und warf sich in Omas Arme.

Vier Tage später reisten Mutter und Sohn wieder ab, und als sie zum Flughafen kamen, weinte Bobby untröstlich und schluchzte: „Oma mitkomm', Oma mitkomm'."

Und Linda, die unerschütterliche Linda, tat das, was sie als das einzig Richtige erkannte, um Bobby ohne Szene
an Bord der Maschine zu bekommen.
Sie wandte sich an ihre Schwiegermutter und sagte: „Ich glaube, du mußt dir
schon jetzt vornehmen, uns zu besuchen."

Janet lächelte. Sie würde nicht oft
hinfahren. Schließlich lebten sie dreitausend Kilometer entfernt, und es kos-
tete einen Haufen Geld, und sie hatte
ihren Job. Und doch war es irgendwie
herrlich, einen Enkel zu haben, der
weinte, wenn er Oma verlassen sollte.

Darauf kommt's also an, dachte Janet,
als sie ihre Schritte durch die Abferti-
gungshalle beschleunigte. Man konnte
Tabletts tragen und sich Beschwerden
anhören und arbeiten, bis einem fast
die Füße abfielen, solange nur jemand
weinte, wenn man sich von ihm trennte.

Es war gar nicht so schwer, eine gute
Oma zu sein.

Noch vor einer Woche hatte sie das Geheimnis nicht gekannt. Jetzt kannte sie es.

Eine Oma sein bedeutet vor allem, sich gut zu amüsieren.

Das wirklich Erstaunliche daran war die Tatsache, daß man das Herz eines Enkels nicht viel anders gewann als das Herz eines Mannes.

Welches männliche Wesen ist nicht empfänglich, wenn eine Frau nett zu ihm ist?

Welcher Mann sagt jemals nein zu einer Frau, die immer ja sagt?

Und dann lachte Janet laut heraus. Es blieb abzuwarten, was heute abend passierte, wenn Linda ihrem Sohn um elf Uhr entgegentreten mußte – ohne Aussicht auf eine Couch, eine Tasse heiße Schokolade und Johnny Carson.

Meine Großmutter

von Orhan Pamuk

Wenn meine Großmutter auf Atatürk angesprochen wurde, erklärte sie sich als Anhängerin seiner Verwestlichungsbestrebungen, aber im Grunde genommen waren ihr West und Ost genauso gleichgültig wie allen anderen Istanbulern auch. Ohnehin ging sie kaum aus dem Haus. Wie die meisten Menschen interessierte sie sich weder für die Historie noch für die „Sehenswürdigkeiten" ihrer Heimatstadt, und das, obwohl sie im Lehrerseminar Geschichte studiert hatte. Noch vor der Verlobung mit meinem Großvater tat sie 1917 etwas für das damalige Istanbul ziemlich Unerhörtes, denn sie ging mit ihm auf der Straße spazieren und sogar in ein Lokal. Da dort Alkohol ausgeschenkt wurde, stelle ich mir heute unter jener Gaststätte ein vornehmes Restaurant in Pera vor. Als mein Großvater sie fragte, was sie trinken wolle (und damit meinte er ein alkoholfreies Getränk), wähnte meine Großmutter, man wolle ihr Alkohol verabreichen, und versetzte kategorisch: „Spirituosen nehme ich nicht zu mir, mein Herr!"

Wenn sie mehr als vierzig Jahre später bei Feiertags- und Neujahrsessen im Familienkreis nach dem Genuß von einem Glas Bier fröhlich wurde und wieder einmal diese allseits bekannte Anekdote zum besten gab, lachte sie immer aus vollem Halse. Manchmal aber, wenn sie mir diese Geschichte an einem normalen Werktag erzählte, im Sessel ihres Salons, dann konnte es passieren, daß ihr Lachen allmählich in Tränen überging, die sie über den frühen Tod meines Großvaters vergoß, jenes „Ausnahmemenschen", den ich nur von Fotos her kannte. Während sie weinte, versuchte ich mir auszumalen, wie sie früher einmal als fröhliches junges Mädchen draußen auf der Straße spazierengegangen war. Das fiel mir aber genauso schwer, wie wenn man sich ein rundliches, behäbiges Renoir-Modell als dünne, nervöse Modigliani-Frau vorstellen sollte.

Mein Großvater starb früh an Blutkrebs, so daß meine Großmutter plötzlich als „Oberhaupt" einer großen Familie dastand. Wenn ihr Koch Bekir, der ihr fast das ganze Leben zur Seite stand, wieder einmal der nicht enden wollenden Anordnungen und Nörgeleien meiner Großmutter überdrüssig war, sagte er mit leicht spöttischem Unterton: „Wird erledigt, Chef!" Doch mit ihrem Chefsein war es nicht weit her, denn es beschränkte sich auf das Innere des Hauses, in dem sie immer mit einem großen Schlüsselbund unterwegs war. Wenn mein Vater und mein Onkel, die mit ihren glücklosen Unternehmungen das Erbe meines Großvaters verpulverten, meiner Großmutter wieder einmal eröffneten, es müsse diese oder jene Immobilie verkauft werden, dann verdrückte sie, die ja nie mehr

selbst aus dem Haus ging, nur eine Träne und ermahnte die beiden, doch beim
nächsten mal vorsichtiger zu sein. Den
Vormittag verbrachte meine Großmutter aufrecht im Bett sitzend, mit einer
Reihe voluminöser Daunenkissen im
Rücken. Bekir legte ihr ein Kissen auf
die Bettdecke und plazierte darauf ein
riesiges Tablett mit weichen Eiern, Oli-
ven, Schafskäse und geröstetem Brot
(ein Schönheitsfleck war nur die alte
Zeitung zwischen dem geblümten Kissen und dem Silbertablett). Dann früh-
stückte meine Großmutter in aller Aus-
führlichkeit (ich sah ihr dabei ab, wie
man Tee mit einem Stück Schafskäse im
Mund trinkt), las Zeitung und empfing
den ersten Besuch. Als erstes kam mein
Onkel, der nie zur Arbeit ging, ohne
sich von seiner Mutter zärtlich zu verabschieden. Sobald mein Onkel aus
dem Haus war, machte meine Tante
ihre Aufwartung, schon mit der Tasche
in der Hand. Ich kam, kurz bevor ich

mit der Schule anfing, eine Zeitlang jeden Morgen mit einem Heft zu meiner Großmutter (wie schon mein Bruder zwei Jahre zuvor) und wollte ihr das Geheimnis der Buchstaben entlocken. Doch wie ich später in der Schule noch zur Genüge erfahren sollte, empfand ich es eigentlich als lästig, etwas nicht selbst, sondern von anderen zu lernen, und wollte außerdem beim Anblick einer leeren Seite viel lieber zeichnen als schreiben.

Mitten in unserer kleinen Lese- und Schreibstunde kam Bekir ins Zimmer und stellte seine Standardfrage: „Was sollen wir den Leuten heute kochen?"

Dem Ton nach hätte man vermuten können, es ginge um den Speiseplan eines Großkrankenhauses oder einer Kaserne. Gemeint war aber nur das Mittag und Abendessen meiner Großmutter und der aus den anderen Wohnungen unseres Hauses erwarteten „Gäste". Zu Rate gezogen wurde dabei der Abreißkalender, der für die Hausfrau neben vielen sonderbaren Tips auch ein „Tagesmenü" bereithielt. Ich sah währenddessen zu den Krähen hinaus, die im Hinterhof um die Zypresse herumflogen.

„Krähe", das war auch der Spitzname, den mir Bekir verpaßt hatte, der unter der Last seiner Aufgaben den Humor nicht verlor und jeden Enkel seiner Herrin mit solch einem Namen rief. Als ich ihn später einmal fragte, was mich zur „Krähe" prädestiniert habe, meinte er, ich sei so dünn und zerzaust gewesen und hätte oft den Krähen auf dem Dach des Nachbarhauses zugeschaut. Mein Bruder, der immer seinen Teddy mit sich herumschleppte, hieß deshalb „Kinderfrau", mein Cousin wurde wegen seiner Schlitzaugen „Japaner" genannt, eine dickköpfige Cousine von mir „Ziege" und ein als Frühgeburt zur Welt gekommener Cousin „Sechsmonate". Jahrelang wurden wir bei uns zu Hause nicht anders gerufen als mit diesen Namen, die für mich einen zärtlichen Klang hatten.

Auch meine Großmutter hatte einen Toilettenspiegel im Zimmer, in dem ich mich genauso hätte verlieren können wie in dem meiner Mutter, doch hier war es mir verboten, den Spiegel auch nur zu berühren. Zum Schminken wurde er zwar nicht benützt, doch meine Großmutter hatte seine Flügel so eingestellt, daß sie vom Bett aus, wo sie schließlich den ganzen Vormittag verbrachte, durch die Tür den gesamten Flur übersah, den „Dienstboteneingang" und die Diele, bis hin zu den Fenstern, die am Ende des Salons auf die Straße hinausgingen. Somit überwachte sie alles, was sich in ihrer Wohnung tat, und sah jeden, der hereinkam oder die Wohnung verließ, und es entging ihr nicht, wenn in einer Ecke geflüstert wurde oder ihre Enkelkinder sich stritten. Da es in der Wohnung ohnehin ziemlich finster war und der Toilettenspiegel alles nur sehr klein wiedergab, konnte sie manchmal nicht genau ausmachen, was etwa im Salon an dem Tisch mit den Intarsien los war, und dann brüllte sie nach Bekir, der sofort herbeieilte und ihr mitteilte, wer dort wieder was angestellt hatte.

Am Nachmittag war es neben der Zeitungslektüre und gelegentlichen Stickarbeiten die Lieblingsbeschäftigung meiner Großmutter, mit gleichaltrigen Damen aus der besseren Gesellschaft von Nişantaşı beisammenzusitzen und rauchend Bésigue und manchmal auch Poker zu spielen. Dann setzte ich mich gerne dazu und befingerte die gelochten und gerändelten alten osmanischen Münzen mit dem Namenszug des Sultans darauf, die zusammen mit echten Pokerchips in einem blutroten seidenen Beutel aufbewahrt wurden.

Eine der Damen am Spieltisch entstammte dem Sultansharem. Als die

Mitglieder der osmanischen Herrscher-
familie – das Wort „Dynastie" will mir
nicht über die Lippen – Istanbul verlassen mußten und der Harem auf-
gelöst wurde, heiratete sie einen Ge-
schäftsfreund meines Großvaters. Sie
sprach so betont vornehm, daß mein
Bruder und ich sie oft nachahmten,
und obwohl sie eine Freundin meiner
Großmutter war, redeten die beiden
sich fortwährend mit „gnädige Frau"
an, während sie mit gesundem Appetit
das von Bekir herbeigebrachte ofen-
frische Gebäck und die Brötchen mit
geschmolzenem Käse vertilgten. Beide
waren rundweg als dick zu bezeichnen,
doch da sie zu einer Zeit und in einem
Kulturkreis lebten, wo davon kein Auf-
hebens gemacht wurde, störte sie das
nicht weiter. Wenn alle heiligen Zeiten
meine dicke Großmutter einmal das
Haus verließ, um zu einem Empfang zu
gehen, wurde als Höhepunkt der tage-
langen Vorbereitungen Kamer Hanim

gerufen, die Frau des Pförtners, die mit ihrer ganzen Kraft meiner Großmutter das Korsett schließen sollte. Gebannt lauschte ich dann dem Ächzen und Stöhnen und dem „Nicht so fest!", das während der langen Schnürszene hinter einem Wandschirm hervordrang. Auch die schon Tage vorher stundenlang werkende Hand- und Fußpflegerin hatte mich mit ihren ganzen Seifenlaugen und Bürsten und anderen Utensilien, die sie überall ausbreitete, nicht wenig fasziniert, und überhaupt erfüllte mich die Tatsache, daß meine Großmutter, die für mich doch eine Respektsperson war, sich die Nägel ihrer massigen Füße von fremder Hand feuerwehrrot lackieren ließ und dann mit Wattebäuschen zwischen den Zehen dasaß, mit einer Mischung aus Neugierde und Abscheu.

Jedesmal, wenn ich meine Großmutter später, als ich schon erwachsen war und wir längst woanders wohnten, im Pamuk Apartment besuchte, fand ich sie vormittags wie eh und je umgeben von Kissen, Zeitungen und Taschen in ihrer dunklen Bettstatt vor. In ihrem Zimmer roch es noch immer nach der gleichen unverwechselbaren Mischung aus Seife, Kölnisch Wasser, Staub und Holz. Zu den Dingen, die meine Großmutter stets bei sich haben mußte, gehörte auch ein dickes, gebundenes Heft, in das sie jeden Tag ihre Eintragungen machte. Das Heft, das der Niederschrift von Erlebnissen, Ausgaben, Speiseplänen und Wetterbeobachtungen diente, hatte daneben auch noch eine seltsame „protokollarische" Funktion. Vielleicht lag es an ihrem Geschichtsstudium, daß sie zu einer etwas gestelzten, aber zugleich ironischen Ausdrucksweise neigte und außerdem dafür gesorgt hatte, daß jeder ihrer Enkel den Namen eines Sultans aus der siegreichen Anfangsperiode des Osmanischen Reiches bekam. Ich küßte ihr immer zur Begrüßung die Hand, steckte routiniert den

Geldschein ein, den sie mir reichte, berichtete von meinen Eltern und meinem Bruder, und danach schrieb meine Großmutter etwas in ihr Heft und las es mir manchmal auch vor.

„Mein Enkel Orhan hat mich besucht. Er ist ein kluger, lieber Kerl. Er studiert Architektur. Ich habe ihm zehn Lira gegeben. Hoffentlich wird er einmal sehr erfolgreich und verhilft dem Namen Pamuk zu soviel Ruhm wie sein Großvater."

Spöttisch lächelnd sah sie mich dann über ihre Brille hinweg an, die ihren vom grauen Star befallenen Augen einen noch seltsameren Ausdruck verlieh, und ich, der ich nicht so recht wußte, ob sie sich nur über sich selbst oder über das gesamte menschliche Treiben lustig machte, bemühte mich einfach, ihr Lächeln auf gleiche Weise zu erwidern.

Das Bild
meiner
Großmutter

von Christina Callori di Vignale

An meine Großmutter mütterlicherseits habe ich keine Erinnerung, denn sie starb, als ich drei Jahre alt war. Sie ist erst in mein Bewusstsein gerückt, als eines Tages auf dem Dachboden einer Verwandten ein Gemälde von ihr aufgetaucht ist. Als einzige noch lebende Enkelin bekam ich das Bild – allerdings wurde mir der Rahmen vorenthalten. Mein Vorsatz, einen neuen Rahmen anfertigen zu lassen, geriet bald in Vergessenheit, und so verbrachte das Gemälde weitere Jahre in einem dunklen Winkel. Als ich schließlich auch den zum Bild gehörigen Rahmen erhielt – ein schwarzes Monster mit einer kleinen Goldbordüre am inneren Rand –, passte das Bild nicht in die Wohnung, die offensichtlich kleiner und niedriger war als die, für die das Gemälde ursprünglich bestimmt war. Also landete meine Großmutter erneut – diesmal mit Rahmen – für mehrere Jahre in einer Ecke.

Nachdem die Kinder aus dem Haus waren, begann ich, die Wohnung für mich allein einzurichten, und prompt fiel mir auch meine Großmutter wieder ein. Kurzentschlossen kaufte ich Farbe und malte den Bilderrahmen an – in einem wundervollen Blau, etwas dunkler als ihre und auch meine Augen. Mit dieser freundlichen Einfassung hängte ich das Bild über mein Bett, und seitdem trifft mein letzter Blick am Abend und mein erster Blick am Morgen den meiner Großmutter.

Alle, die das Gemälde sehen, finden, dass ich meiner Großmutter ähnele. Wir haben die gleichen schmalen Lippen, die gleichen blauen Augen und die zu hoch geratene Stirn.

Das Bild zeigt die Großmutter in einem grauen Seidenkleid mit einem biesenverzierten Oberteil, gerüschten Ärmeln und weißen Spitzen am Stehkragen, an dem eine runde Brosche steckt. Sie sieht mit den zu einem Knoten zusammengesteckten Haaren sehr vornehm aus. Nur ein etwas harter Zug um den Mund lässt auf ein arbeits- und sorgenreiches Leben schließen. Ansonsten blickt meine Großmutter sehr zufrieden auf ihre jüngste Enkelin herab, die inzwischen selbst Großmutter ist.

Mein Enkel Manuel, knapp sechs Jahre alt, hatte allerdings Schwierigkeiten, sich mit der alten Dame auf dem Bild über meinem Bett anzufreunden. Bei einem seiner letzten Besuche fragte er, auf die Großmutter zeigend, wer die alte Frau sei, die so böse schaut. „Die Frau schaut nicht böse, sondern höchstens streng, und ist deine Ur-Ur-Großmutter", antworte ich ihm, und mit dieser Information konnte Manuel etwas anfangen, denn er hat noch seine italienische und argentinische Ur-Großmutter kennen gelernt – aber beide sahen ganz anders aus. „Das liegt daran", erkläre ich, „dass diese Urahnin vor sehr langer Zeit gelebt hat und deshalb nicht so gekleidet ist wie die Frauen heute."

Manuel, von Natur aus neugierig, wollte nun mehr über seine Ur-Ur-Großmutter wissen, und ich versprach ihm, ihre Geschichte aufzuschreiben, damit er sie lesen kann, wenn er etwas größer ist und sie versteht.

Maria Tandler, so hieß die Großmutter, wurde 1860 in Wendischbora bei Meißen geboren. Ihre Familie besaß dort eine Gärtnerei. Als junge Frau heiratete sie den Schachtmeister Josef Mannhaupt und das Paar bekam im Laufe der Ehe sechs Kinder, fünf Mädchen und einen Sohn. Bald nach der Geburt der jüngsten Tochter hat der Vater die Familie verlassen und ist nach Berlin gegangen. Die Großmutter stand nun mit der Gärtnerei, die sie übernommen hatte, und ihren sechs Kindern allein da. Großvaters letztes Lebenszeichen stammt aus Ägypten, eine Postkarte an die Familie. Es heißt, er sei auf dem Weg nach Jerusalem gewesen, zu einem Besuch am Heiligen Grab. So kam er schließlich in den Ruf eines frommen Pilgers, der zwar für seine Familie ab einem bestimmten Punkt nicht mehr gesorgt, aber für sie gebetet hat. In Ägypten verlieren sich allerdings seine Spuren und niemand weiß, ob er tatsächlich bis zum Heiligen Grab gelangt ist.

Die Großmutter war also Alleinerziehende und Alleinverdienerin und damit eigentlich eine ganz moderne Frau.

Den Lebensunterhalt für ihre Familie erwirtschaftete sie mit der Gärtnerei, und das bedeutete harte Arbeit, bei der auch die Kinder mithelfen mussten. Früh am Morgen wurde das frisch geerntete Gemüse mit einem Wagen, vor den zwei große Hunde gespannt waren, nach Meißen gebracht. Die Gärtnerei belieferte verschiedene Hotels, der Rest wurde auf dem Markt verkauft. Es war kein leichtes Leben, was aber nicht heißt, dass die Familie unglücklich war. Ich erinnere mich nicht, dass meine Mutter oder die Tanten je von einer traurigen Kindheit erzählt hätten. Als die Kinder älter wurden, hat Großmutter die Gärtnerei verkauft und ist mit der Familie nach Meißen gezogen. Dort hat sie den Kindern eine gute Ausbildung ermöglicht – auch den Töchtern, was zu Beginn des vergangenen Jahrhunderts nicht unbedingt üblich war. Zwei Töchter der Großmutter litten allerdings unter den Folgen einer damals sehr verbreiteten rachitischen Erkrankung im Kindesalter: Sie hatten extrem krumme Beine, die sich unter den in Mode gekommenen kürzeren Röcken nicht mehr verbergen ließen. Da ich beide Tanten nicht mochte – sie waren ungerecht und geizig – gönnte ich ihnen ihre krummen Beine von ganzem Herzen; wenn sie zu Besuch bei uns waren und mir bei Spaziergängen mal wieder mit ihren lästigen Ermahnungen auf die

Nerven gingen, stellte ich mir vor, wie ich einen Ball durch das Oval ihrer gebogenen Beine schießen würde. Aber ich schwöre, dass ich diese Vorstellung nie in die Tat umgesetzt habe.

Der ganze Stolz der Großmutter war ihr Sohn Otto. Er hatte von seinem Vater den Drang in die Ferne und von der Mutter die Tüchtigkeit und das Pflichtgefühl geerbt. Wie sein beruflicher Werdegang im Einzelnen verlief, weiß ich nicht, aber er hatte etwas mit Chemie zu tun. Nach einem längeren Aufenthalt in England kam er mit einem kleinen Vermögen in die Heimat zurück und entwickelte hier ein Patent zur Herstellung von „Glanzrein", einer Möbelpolitur, die in allen Haushalten der Familie in großen Mengen vorhanden war. Ich sehe noch ganz deutlich die kleine braune Flasche mit einem Etikett, das ein eifrig eine glatte Holzfläche polierendes Mädchen zeigte und die Aufschrift trug: „Glanzrein macht ganz rein".

Onkel Ottos Chemische Werke, in denen neben Glanzrein auch andere Produkte hergestellt wurden, liefen hervorragend. Als gut situierter Mann heiratete er und errichtete neben der Fabrik eine Villa mit einem wunderschönen Garten, in der auch die Großmutter einen Alterswohnsitz fand. Heute sind Villa und Fabrik von einem „verständnislosen Westler" abgerissen worden. Nur der wunderschöne Flügel, den Onkel Otto für die Familie erworben hatte und an den ich mich noch gut entsinnen kann, hat Nachkriegs- und Nachwendezeit überstanden und steht heute in einem Saal der Schule in Wüstenbrand.

Für seine Mutter hat Otto rührend gesorgt, sobald er finanziell dazu in der Lage war. Er hat es ihr an nichts mangeln lassen und ihr sogar Kuraufenthalte in dem damals vielbesuchten Oberschlema mit seinen Radonquellen, dem heutigen Bad Schlema, im Erzgebirge ermöglicht. Auch das Gemälde, das nun über meinem Bett hängt, hat er bei einem mit ihm befreundeten Kunstmaler in Auftrag gegeben. Zu Großmutters großem Kummer litt ihr geliebter und von allen Familienmitgliedern verehrter Sohn an den Folgen einer damals schwer heilbaren Krankheit, über die in der Familie – vor allem vor den Kindern – nur getuschelt wurde und die er aus England mitgebracht hatte. Die letzten Jahre seines Lebens verbrachte er in einer Nervenheilanstalt.

Großmutter lebte nun abwechselnd bei den Töchtern, von denen eine in Dresden und eine in Chemnitz verheiratet war. „Shopping", wie es heute heißt, gehörte zu ihren Lieblingsbeschäftigungen. Mit Topfhut, wadenlangem Kleid, die Handtasche unternehmungslustig schwenkend – so zeigt sie eines der wenigen von ihr erhaltenen Fotos – ging Großmutter mit ihrer in Dresden lebenden Tochter gern in ein dortiges Kaufhaus, das schon damals über eine

Rolltreppe verfügte. Nicht selten folgte ein Besuch im Café Kreutzkamm am Altmarkt, in dem es den berühmten Baumkuchen zu einer Tasse Kaffee gab. Die Fähigkeit, immer wieder, auch in schweren Zeiten, Momente ungetrübter Freude zu schaffen, war eine der liebenswertesten Eigenschaften, die Großmutter an die Töchter – und auch an mich – weitervererbt hat. Und diese Fähigkeit gehört zu den besten Lebenshilfen, die ich kenne. „Hände wie ein Sieb" haben, war ein geflügeltes Wort bei uns in der Familie. Großmutter und ihre Töchter waren mit Händen, durch die das Geld rinnt, reich gesegnet, was natürlich auch den sechs Enkelkindern zugute kam – ich als siebtes war noch zu klein und außerdem weit weg. Eine Leidenschaft, die ich mit meiner Großmutter teile, ist das Stricken. Sie hat bis an ihr Lebensende alle ihre Enkelkinder mit selbstgestrickten Strümpfen in allen Größen und Farben versorgt. Und sie hat, wie die meisten Großmütter, ihre Enkel immer verteidigt. Wenn es Schelte gab, weil etwas zu Bruch gegangen war, kam regelmäßig ihr weiser Einspruch: „Vom Schimpfen wird's auch nicht wieder ganz."

Einen, wenn auch zweifelhaften Höhepunkt in Großmutters Leben bildete die Verleihung des Mutterkreuzes, mit dem die Nazis ab 1938 kinderreiche Mütter auszeichneten. Dank ihrer sechs Kinder erhielt sie es in Silber. Was die damals schon alte Frau von den Nazis gehalten hat, weiß ich nicht. Während des letzten Krieges lebte sie bei ihrer Tochter in Chemnitz. Ihren Sohn hat Großmutter nur um ein knappes Jahr überlebt und ist 1944 im Alter von 84 Jahren gestorben.

Wenn ich nun meinen dunkelhaarigen, braunäugigen Enkel Manuel vor mir sehe, für den ich die Lebensgeschichte seiner Urahnin aufgeschrieben habe, freue ich mich, dass Großmutter, die Sachsen nie verlassen hat, über diesen Ur-Ur-Enkel, der mit seinen kaum sechs Jahren in Deutschland, Italien und Argentinien zu Hause ist, so weit in die Welt hinausgekommen ist. Ich hoffe, dass das Bild und die dazugehörige Geschichte für Manuel und natürlich auch die anderen Enkel die Erinnerung an ihren deutschen Familienteil wach halten, auch wenn sie – und mit ihnen das alte Gemälde – vielleicht einmal in einem Teil der Welt sein werden, an dem man nicht weiß, wo das Erzgebirge liegt.

Die Großmutter im Urlaub mit der Familie

von Natalia Ginzburg

Meistens kam auch meine Großmutter, die Mutter meines Vaters, mit uns in die Berge. Sie wohnte aber nicht bei uns, sondern in einem Hotel im Dorf.

Wenn wir zu ihr gingen, saß sie meist auf dem kleinen Vorplatz des Hotels unter dem großen Sonnenschirm. Sie war klein und hatte winzige Füße, die in schwarzen Knopfstiefelchen steckten; sie war stolz auf diese kleinen Füße, die unter dem Rock ein bißchen hervorkamen, und war auch stolz auf ihr schneeweißes krauses Haar, das sie zu einem Helm aufwärtsgekämmt trug. Mein Vater ging jeden Tag „ein wenig marschieren" mit ihr. Sie gingen auf Hauptstraßen, weil sie alt war und mit diesen Stiefelchen, die kleine Absätze hatten, nicht auf Wanderwegen gehen konnte. Er ging mit seinen langen Schritten, die Pfeife im Mund, voraus; sie hinterher mit ihrem raschelnden Rock und ihren kleinen Stöckelschritten.

Sie wollte immer einen anderen Weg gehen als am Vortag; sie verlangte immer neue Wege. Das ist derselbe Weg wie gestern, beklagte sie sich, und mein Vater antwortete zerstreut und ohne sich umzuwenden: Nein, es ist ein anderer; aber sie fuhr fort zu wiederholen: Das ist der Weg von gestern. Das ist der Weg von gestern. Mein Husten erwürgt mich fast, sagte sie nach einer Weile zu meinem Vater, der immer weiterging, ohne rückwärts zu schauen. Mein Husten erwürgt mich fast, wiederholte sie und preßte die Hände an den Hals: Sie wiederholte dieselben Dinge immer zwei oder dreimal. Sie sagte: Diese infame Fantecchi hat mir ein braunes Kleid gemacht, und ich wollte doch ein blaues! Ein blaues wollte ich! Und wütend klopfte sie mit ihrem Sonnenschirmchen aufs Pflaster. Mein Vater machte sie auf den Sonnenuntergang aufmerksam; aber sie war zornig auf die Fantecchi, ihre Schneiderin, und fuhr fort, mit der Spitze ihres Sonnenschirmchens wütend auf das Pflaster zu klopfen. Sie kam übrigens nur in die Berge, um mit uns zusammenzusein, da sie während des Jahres in Florenz wohnte. Wir dagegen wohnten in Turin, so daß sie uns nur im Sommer sah. Sie konnte eigentlich das Gebirge nicht leiden, und ihr Traum wäre es gewesen, den Urlaub in Fiuggi oder Salsomaggiore zu verbringen: Orte, wo sie in ihrer Jugend den Sommer verbracht hatte.

Meine Großmutter war einst sehr reich gewesen und hatte ihr Vermögen im Ersten Weltkrieg verloren: Weil sie nicht glaubte, daß Italien siegen würde, und ihr ganzes Vertrauen auf Franz Josef setzte, hatte sie ihre österreichischen Wertpapiere behalten und dadurch viel Geld verloren. Mein Vater, der damals zu den Irredentisten gehörte, hatte erfolglos versucht, sie zum Verkauf dieser Papiere zu überreden.

Meine Großmutter pflegte „mein Un-
glück" zu sagen, wenn sie auf diesen
Geldverlust anspielte, und ging deswegen morgens im Zimmer oft verzweifelt
auf und ab. Sie war aber gar nicht so
arm. Sie hatte in Florenz eine schöne
Wohnung mit indianischen und chine-
sischen Möbeln und türkischen Tep-
pichen; weil ein Großvater von ihr, der
Großvater Parente, ein Sammler kost-
barer Gegenstände gewesen war. An
den Wänden hingen die Porträts ihrer
verschiedenen Ahnen: der Großvater
Parente und die Vendée, eine Tante, die
so genannt wurde, weil sie einen Salon
für Zopfträger und Reaktionäre hielt;
und viele Tanten und Basen, die alle
Margherita oder Regina hießen: Namen, die früher in den jüdischen Familien sehr gebräuchlich waren. Unter all
diesen Porträts fehlte jedoch dasjenige
des Vaters meiner Großmutter, und von
ihm durfte man auch nicht sprechen: Er
hatte sich als Witwer einmal mit seinen

beiden schon erwachsenen Töchtern gestritten und hierauf erklärt, er werde, um sie zu ärgern, die erste Frau, die ihm auf der Straße begegne, heiraten; und das tat er auch, oder mindestens erzählt man sich in der Familie, daß er das tat; ob es in Wahrheit die erste Frau war, die er auf der Straße traf, nachdem er aus der Haustüre getreten war, weiß ich nicht. Auf jeden Fall schenkte ihm diese zweite Frau noch eine Tochter, die meine Großmutter nie kennenlernen wollte und mit Verachtung „Papas Kind" nannte. „Papas Kind" war mittlerweile eine reife und würdige Dame von fünfzig Jahren geworden, der wir während unserer Ferien manchmal begegneten, und mein Vater pflegte dann zu meiner Mutter zu sagen: Hast du gesehen? Hast du gesehen? Das war Papas Kind!

Bei euch wird alles zum Bordell. In diesem Haus wird alles zum Bordell, sagte meine Großmutter immer und meinte damit, daß uns nichts heilig war. Der Satz war berühmt in unserer Familie und wurde immer zitiert, wenn wir über Tote oder über Begräbnisse lachen mußten. Meine Großmutter hatte einen tiefen Abscheu vor den Tieren und geriet in Verzweiflung, wenn sie uns mit einer Katze spielen sah; weil sie fürchtete, daß wir Krankheiten auflesen und sie damit anstecken würden. Diese infame Bestie, sagte sie, stampfte mit den Füßen und klopfte mit der Spitze ihres Sonnenschirmchens auf den Boden. Ihr ekelte vor allem, und sie hatte eine große Angst vor Krankheiten; sie war jedoch sehr gesund und starb mit mehr als achtzig Jahren, ohne je einen Arzt oder einen Zahnarzt konsultiert zu haben. Sie fürchtete immer, daß jemand von uns sie, um sie zu ärgern, taufen würde, weil einer meiner Brüder einmal zum Scherz so getan hatte, als wolle er sie taufen. Sie betete jeden Tag ihre jüdischen Gebete, ohne etwas zu verstehen, weil sie nicht hebräisch konnte. Gegenüber den Leuten, die nicht Juden waren wie sie, empfand sie denselben Abscheu wie vor Katzen. Von diesem Abscheu war nur meine Mutter ausgenommen, der einzige nicht jüdische Mensch, zu dem sie in ihrem Leben Zuneigung gefaßt hatte. Und auch meine Mutter liebte meine Großmutter und sagte, sie sei in ihrem Egoismus so unschuldig und naiv wie ein kleines Kind.

Meine Großmutter war in ihrer Jugend, wie sie erzählte, sehr schön, das zweitschönste Mädchen von Pisa; das schönste war eine gewisse Virginia Del Vecchio, ihre Freundin. Eines Tages kam ein gewisser Herr Segré nach Pisa und wollte das schönste Mädchen von Pisa kennenlernen, um es zu heiraten. Virginia wollte ihn aber nicht zum Mann nehmen. Hierauf wurde ihm meine Großmutter vorgestellt. Aber auch meine Großmutter wies ihn ab und sagte, sie begnüge sich nicht mit Virginias Abfällen.

Sie heiratete dann meinen Großvater Michele, einen Mann, der sehr sanft und freundlich gewesen sein muß. Sie war noch sehr jung, als er starb, und wir fragten sie einmal, warum sie nicht wieder geheiratet hatte. Sie antwortete mit einem schrillen Gelächter und einer Schärfe, die wir der alten Frau, die so gern klagte und jammerte, nie zugetraut hätten: Kuckuck! Um mir mein Vermögen durchbringen zu lassen?

Die unwürdige Greisin

von Bertolt Brecht

Meine Großmutter war zweiundsiebzig Jahre alt, als mein Großvater starb. Er hatte eine kleine Lithographenanstalt in einem badischen Städtchen und arbeitete darin mit zwei, drei Gehilfen bis zu seinem Tod. Meine Großmutter besorgte ohne Magd den Haushalt, betreute das alte, wacklige Haus und kochte für die Mannsleute und Kinder.

Sie war eine kleine magere Frau mit lebhaften Eidechsenaugen, aber langsamer Sprechweise. Mit recht kärglichen Mitteln hatte sie fünf Kinder großgezogen – von den sieben, die sie geboren hatte. Davon war sie mit den Jahren kleiner geworden.

Von den Kindern gingen die zwei Mädchen nach Amerika, und zwei Söhne zogen ebenfalls weg. Nur der Jüngste, der eine schwache Gesundheit hatte, blieb im Städtchen. Er wurde Buchdrucker und legte sich eine viel zu große Familie zu.

So war sie allein im Haus, als mein Großvater gestorben war.

Die Kinder schrieben sich Briefe über das Problem, was mit ihr zu geschehen hätte. Einer konnte ihr bei sich ein Heim anbieten, und der Buchdrucker wollte mit den Seinen zu ihr ins Haus ziehen. Aber die Greisin verhielt sich abweisend zu den Vorschlägen und wollte nur von jedem ihrer Kinder, das dazu imstande war, eine kleine geldliche Unterstützung annehmen. Die Lithographenanstalt, längst veraltet, brachte fast nichts beim Verkauf, und es waren auch Schulden da.

Die Kinder schrieben ihr, sie könne doch nicht ganz allein leben, aber als sie darauf überhaupt nicht einging, gaben sie nach und schickten ihr monatlich ein bißchen Geld. Schließlich, dachten sie, war ja der Buchdrucker im Städtchen geblieben.

Der Buchdrucker übernahm es auch, seinen Geschwistern mitunter über die

Mutter zu berichten. Seine Briefe an meinen Vater, und was dieser bei einem Besuch und nach dem Begräbnis meiner Großmutter zwei Jahre später erfuhr, geben mir ein Bild von dem, was in diesen zwei Jahren geschah.

Es scheint, daß der Buchdrucker von Anfang an enttäuscht war, daß meine Großmutter sich weigerte, ihn in das ziemlich große und nun leerstehende Haus aufzunehmen. Er wohnte mit vier Kindern in drei Zimmern. Aber die Greisin hielt überhaupt nur eine sehr lose Verbindung mit ihm aufrecht. Sie lud die Kinder jeden Sonntagnachmittag zum Kaffee, das war eigentlich alles.

Sie besuchte ihren Sohn ein oder zweimal in einem Vierteljahr und half der Schwiegertochter beim Beereneinkochen. Die junge Frau entnahm einigen ihrer Äußerungen, daß es ihr in der kleinen Wohnung des Buchdruckers zu eng war. Dieser konnte sich nicht enthalten,

in seinem Bericht darüber ein Ausrufe-
zeichen anzubringen. Auf eine schrift-
liche Anfrage meines Vaters, was die
alte Frau denn jetzt so mache, antwortete er ziemlich kurz, sie besuche das
Kino.

Man muß verstehen, daß das nichts
Gewöhnliches war, jedenfalls nicht in
den Augen ihrer Kinder. Das Kino war
vor dreißig Jahren noch nicht, was es
heute ist. Es handelte sich um elende,
schlechtgelüftete Lokale, oft in alten
Kegelbahnen eingerichtet, mit schrei-
enden Plakaten vor dem Eingang, auf
denen Morde und Tragödien der Leidenschaft angezeigt waren. Eigentlich
gingen nur Halbwüchsige hin oder, des
Dunkels wegen, Liebespaare. Eine ein-
zelne alte Frau mußte dort sicher auf-
fallen.

Und so war noch eine andere Seite
dieses Kinobesuchs zu bedenken. Der
Eintritt war gewiß billig, da aber das
Vergnügen ungefähr unter den Schle-

ckereien rangierte, bedeutete es „hinausgeworfenes Geld". Und Geld hinauszuwerfen, war nicht respektabel.

Dazu kam, daß meine Großmutter nicht nur mit ihrem Sohn am Ort keinen regelmäßigen Verkehr pflegte, sondern auch sonst niemanden von ihren Bekannten besuchte oder einlud. Sie ging niemals zu den Kaffeegesellschaften des Städtchens. Dafür besuchte sie häufig die Werkstatt eines Flickschusters in einem armen und sogar etwas verrufenen Gäßchen, in der, besonders nachmittags, allerlei nicht besonders respektable Existenzen herumsaßen, stellungslose Kellnerinnen und Handwerksburschen. Der Flickschuster war ein Mann in mittleren Jahren, der in der ganzen Welt herumgekommen war, ohne es zu etwas gebracht zu haben. Es hieß auch, daß er trank. Er war jedenfalls kein Verkehr für meine Großmutter.

Der Buchdrucker deutete in einem Brief an, daß er seine Mutter darauf hingewiesen, aber einen recht kühlen Bescheid bekommen habe. „Er hat etwas gesehen", war ihre Antwort, und das Gespräch war damit zu Ende. Es war nicht leicht, mit meiner Großmutter über Dinge zu reden, die sie nicht bereden wollte.

Etwa ein halbes Jahr nach dem Tod des Großvaters schrieb der Buchdrucker meinem Vater, daß die Mutter jetzt jeden zweiten Tag im Gasthof esse.

Was für eine Nachricht! Großmutter, die zeit ihres Lebens für ein Dutzend Menschen gekocht und immer nur die Reste aufgegessen hatte, aß jetzt im Gasthof! Was war in sie gefahren?

Bald darauf führte meinen Vater eine Geschäftsreise in die Nähe, und er besuchte seine Mutter.

Er traf sie im Begriffe, auszugehen. Sie nahm den Hut wieder ab und setzte ihm ein Glas Rotwein mit Zwieback vor. Sie schien ganz ausgeglichener Stimmung zu sein, weder besonders aufgekratzt noch besonders schweigsam. Sie erkundigte sich nach uns, allerdings nicht sehr eingehend, und wollte hauptsächlich wissen, ob es für die Kinder auch Kirschen gäbe. Da war sie ganz wie immer. Die Stube war natürlich peinlich sauber, und sie sah gesund aus.

Das einzige, was auf ihr neues Leben hindeutete, war, daß sie nicht mit meinem Vater auf den Gottesacker gehen wollte, das Grab ihres Mannes zu besuchen. „Du kannst allein hingehen", sagte sie beiläufig, „es ist das dritte von links in der elften Reihe. Ich muß noch wohin."

Der Buchdrucker erklärte nachher, daß sie wahrscheinlich zu ihrem Flickschuster mußte. Er klagte sehr.

„Ich sitze hier in diesen Löchern mit den Meinen und habe nur noch fünf Stunden Arbeit und schlechtbezahlte, dazu macht mir mein Asthma wieder zu schaffen, und das Haus in der Hauptstraße steht leer."

Mein Vater hatte im Gasthof ein Zimmer genommen, aber erwartet, daß er zum Wohnen doch von seiner Mutter eingeladen werden würde, wenigstens pro forma, aber sie sprach nicht davon. Und sogar als das Haus voll gewesen war, hatte sie immer etwas dagegen gehabt, daß er nicht bei ihnen wohnte und dazu das Geld für das Hotel ausgab!

Aber sie schien mit ihrem Familienleben abgeschlossen zu haben und neue Wege zu gehen, jetzt, wo ihr Leben sich neigte. Mein Vater, der eine gute Portion Humor besaß, fand sie „ganz munter" und sagte meinem Onkel, er solle die alte Frau machen lassen, was sie wolle.

Aber was wollte sie? Das nächste, was berichtet wurde, war, daß sie eine Bregg bestellt hatte und nach einem Ausflugsort gefahren war, an einem gewöhnlichen Donnerstag. Eine Bregg war ein großes, hochrädriges Pferdegefährt mit Plätzen für ganze Familien. Einige wenige Male, wenn wir Enkelkinder zu

Besuch gekommen waren, hatte Großvater die Bregg gemietet. Großmutter
war immer zu Hause geblieben. Sie hatte es mit einer wegwerfenden Handbe-
wegung abgelehnt, mitzukommen.

Und nach der Bregg kam die Rei-
se nach K., einer größeren Stadt, etwa
zwei Eisenbahnstunden entfernt. Dort
war ein Pferderennen, und zu dem
Pferderennen fuhr meine Großmutter.

Der Buchdrucker war jetzt durch und
durch alarmiert. Er wollte einen Arzt
hinzugezogen haben. Mein Vater schüttelte den Kopf, als er den Brief las, lehnte
aber die Hinzuziehung eines Arztes ab.

Nach K. war meine Großmutter nicht
allein gefahren. Sie hatte ein junges Mädchen mitgenommen, eine halb Schwach-
sinnige, wie der Buchdrucker schrieb,
das Küchenmädchen des Gasthofs, in
dem die Greisin jeden zweiten Tag speis-
te.

Dieser „Krüppel" spielte von jetzt an
eine Rolle.

Meine Großmutter schien einen Narren an ihr gefressen zu haben. Sie nahm sie mit ins Kino und zum Flickschuster, der sich übrigens als Sozialdemokrat herausgestellt hatte, und es ging das Gerücht, daß die beiden Frauen bei einem Glas Rotwein in der Küche Karten spielten.

„Sie hat dem Krüppel jetzt einen Hut gekauft mit Rosen drauf", schrieb der Buchdrucker verzweifelt. „Und unsere Anna hat kein Kommunionskleid!"

Die Briefe meines Onkels wurden ganz hysterisch, handelten nur von der „unwürdigen Aufführung unserer lieben Mutter" und gaben sonst nichts mehr her. Das Weitere habe ich von meinem Vater.

Der Gastwirt hatte ihm mit Augenzwinkern zugeraunt: „Frau B. amüsiert sich ja jetzt, wie man hört."

In Wirklichkeit lebte meine Großmutter auch diese letzten Jahre keinesfalls üppig. Wenn sie nicht im Gasthof aß, nahm sie meist nur ein wenig Eierspeise zu sich, etwas Kaffee und vor allem ihren geliebten Zwieback. Dafür leistete sie sich einen billigen Rotwein, von dem sie zu allen Mahlzeiten ein kleines Glas trank. Das Haus hielt sie sehr rein, und nicht nur die Schlafstube und die Küche, die sie benutzte. Jedoch nahm sie darauf ohne Wissen ihrer Kinder eine Hypothek auf. Es kam niemals heraus, was sie mit dem Geld machte. Sie scheint es dem Flickschuster gegeben zu haben. Er zog nach ihrem Tod in eine andere Stadt und soll dort ein größeres Geschäft für Maßschuhe eröffnet haben.

Genau betrachtet lebte sie hintereinander zwei Leben. Das eine, erste, als Tochter, als Frau und als Mutter, und das zweite einfach als Frau B., eine alleinstehende Person ohne Verpflichtungen und mit bescheidenen, aber ausreichenden Mitteln. Das erste Leben dauerte etwa sechs Jahrzehnte, das zweite nicht mehr als zwei Jahre.

Mein Vater brachte in Erfahrung, daß sie im letzten halben Jahr sich gewisse Freiheiten gestattete, die normale Leute gar nicht kennen. So konnte sie im Sommer früh um drei Uhr aufstehen und durch die leeren Straßen des Städtchens spazieren, das sie so für sich ganz allein hatte. Und den Pfarrer, der sie besuchen kam, um der alten Frau in ihrer Vereinsamung Gesellschaft zu leisten, lud sie, wie allgemein behauptet wurde, ins Kino ein!

Sie war keineswegs vereinsamt. Bei dem Flickschuster verkehrten anscheinend lauter lustige Leute, und es wurde viel erzählt. Sie hatte dort immer eine Flasche ihres eigenen Rotweins stehen, und daraus trank sie ihr Gläschen, während die anderen erzählten und über die würdigen Autoritäten der Stadt loszogen. Dieser Rotwein blieb für sie reserviert, jedoch brachte sie mitunter der Gesellschaft stärkere Getränke mit.

Sie starb ganz unvermittelt an einem Herbstnachmittag in ihrem Schlafzimmer, aber nicht im Bett, sondern auf dem Holzstuhl am Fenster. Sie hatte den „Krüppel" für den Abend ins Kino eingeladen, und so war das Mädchen bei ihr, als sie starb. Sie war vierundsiebzig Jahre alt.

Ich habe eine Fotografie von ihr gesehen, die sie auf dem Totenbett zeigt und die für die Kinder angefertigt worden war.

Man sieht ein winziges Gesichtchen mit vielen Falten und einen schmallippigen, aber breiten Mund. Viel Kleines, aber nichts Kleinliches. Sie hatte die langen Jahre der Knechtschaft und die kurzen Jahre der Freiheit ausgekostet und das Brot des Lebens aufgezehrt bis auf den letzten Brosamen.

Der Maul-
wurfsmantel

von Barbara Seuffert

Meine Großmutter war eine Schutzmantelmadonna. Naja, vielleicht keine Madonna, das Wort paßt nicht, aber eine Schutzmantel*großmutter* war sie.

Denn alle hilfsbedürftige Kreatur fand bei ihr Schutz. Immer hatte sie ein kränkelndes Jungtier, ein verletztes Huhn, ein ausgestoßenes räudiges Kätzchen in Pflege, das unter ihren liebevollen Händen plötzlich gedieh und sich mauserte.

Einmal nahm sie ein Ferkel auf, das der Viehhändler einfach ausgesetzt hatte, nachdem er es auf dem Markt nicht verkaufen konnte. Nicht einmal als „Zugabe" war er es losgeworden. Da hatte er einfach die Kiste umgestülpt und dem Tier den Laufpaß gegeben. Es sah aus wie eine Ratte, dünn und grau und mit spitzer Schnauze, in hohen Tönen wie eine Ratte pfeifend und quiekend es lief genau meiner Oma in die Quere. Die nahm die „Ratte" mit („Bringt mir das Viech bloß nicht wieder!" schrie der

Händler entsetzt) und zog das Ferkel geduldig mit dem Fläschchen groß. Dabei hatte sie auf ihrem Hof genug zu tun und gar keine Zeit für solche Extratouren. Aber das Tier war so hilfsbedürftig! Es war ein Ferkel, das sozusagen „überzählig" war, das dreizehnte beim Wurf, das keinen Platz mehr fand und bei der Fütterung beiseite gedrängt wurde. Bald hörte das Hungergeschrei auf, und aus der Mißgeburt wurde ein schönes, rosiges Schweinchen, das meiner Großmutter auf Schritt und Tritt folgte aus lauter Liebe und Anhänglichkeit. Konrad Lorenz hätte seine helle Freude gehabt!

Diese Ferkelgeschichte hörte ich immer wieder gerne: Die Verwandlung vom häßlichen jungen Entlein in einen stolzen Schwan. Bei meiner Großmutter verwandelte sich alles Häßliche und Kleine in einen stolzen Schwan. Wir Enkelkinder fühlten diese Verwandlung selbst in uns und an uns. In der Nähe unserer Oma waren wir irgendwie besser. Wir fühlten uns wertvoll und geliebt. Das machte sie mit ihrer selbstverständlichen Liebe.

Dabei war unsere Großmutter voll ausgefüllt mit der Arbeit im Haus, auf dem Acker, mit dem Vieh und dem Haushalt für so viele Personen, denn sie kochte für alle mit: für Töchter und Enkelkinder, für Feldarbeiter und Knechte, und sie kochte so viel, daß die Tagelöhnerkinder mit ihren Rotznäschen auch noch alle satt wurden. Denn die liebte sie auch. Sie hatte den sieben Bengels schöne Namen gegeben. Bismarck, Napoleon, Prinz Eugen kamen sofort angelaufen, wenn meine Oma die Feldherren rief, und kratzten in den Töpfen die Reste weg. „Blücher, putz dir erst die Nase!" Neben den strohblonden Häuslerkindern versorgte sie noch ihre Sorgenkinder.

Damals in der Kriegszeit, von der ich hier erzähle, hatte sie einen verwaisten Jungen aufgenommen, den sie beschützte und verteidigte, ohne daß wir rechtmäßigen Enkelkinder (es lebten damals sechs bei der Großmutter) das Geringste von ihrer Liebe entbehren mußten. Der Junge hieß Manfred, und er klammerte sich an die Rockschöße meiner Großmutter, weil er dort den einzigen krisensicheren Platz in der Welt gefunden hatte.

Eine Schutzmanteloma.

Sie „erzog" uns nicht, kritisierte nicht, ließ uns so gelten, wie wir waren, entschuldigte alles, verstand uns am besten, bestätigte uns, fand uns wundervoll. Bei solcher Pflege gediehen wir prächtig, obwohl es doch die „schlimmen, schweren Zeiten" waren und Hunger und Leid herrschten.

Es gab nichts zu kaufen, was eine liebe Oma ihren Enkeln gerne gekauft hätte. Es gab keine Bananen, keine Kaugummis, keine Puppen, keine Klebebildchen, keine Haarschleifen, keine Kleidung. Nur einmal gab es rote Papierfähnchen.

(Sie wissen schon, was das für rote Fähnchen waren ...) Die erstand sie dann für ihre Enkelschar. Und wir lachten und schwenkten die Fähnchen und zogen hinter unserer Oma her wie die Küken hinter der Glucke. Das war ein richtiges Fest.

Meine liebste Erinnerung aber ist der Spaziergang, den sie einmal mit mir unternahm. Wir mußten noch spätabends zu einer Gärtnerei, die draußen vor der Stadt lag.

Es war schon dunkel und herbstlich kühl, und ein Sturmwind fegte unheimlich daher. Meine Oma trug ihren langen, weiten Mantel aus Samt oder Velours. Diesen Mantel fanden wir Kinder ganz besonders schön, er war weich und schimmerte kostbar violett. „Woraus ist dein Mantel?" „Aus Maulwurfsfellen, aus lauter kleinen Maulwurfsfellen." „Oh!" staunten wir.

Diesen erstaunlichen Maulwurfsmantel trug sie, hielt mich fest bei der Hand und wanderte mit mir durch den dunklen Abend. Der Herbststurm zerrte an dem Mantel und schlug ihn auf, so daß er sich um mich legte und warm einhüllte. Und die Schutzmanteloma ließ es zu.

Nie wieder habe ich mich so geborgen gefühlt.

Im alten Saal

von Theodor Storm

Am Nachmittag war Kindtaufe gewesen; nun war es gegen Abend. Die Eltern des Täuflings saßen mit den Gästen im geräumigen Saal, unter ihnen die Großmutter des Mannes; die anderen waren ebenfalls nahe Verwandte, junge und alte; die Großmutter aber war ein ganzes Geschlecht älter als die ältesten von diesen.

Das Kind war nach ihr Barbara getauft worden, doch hatte es auch noch einen schöneren Namen erhalten; denn Barbara allein klang doch gar zu altfränkisch für das hübsche kleine Kind. Dennoch sollte es mit diesem Namen gerufen werden; so wollten es beide Eltern, wieviel auch die Freunde dagegen einzuwenden hatten. Die alte Großmutter aber erfuhr nichts davon, daß die Brauchbarkeit ihres langbewährten Namens in Zweifel gezogen war.

Der Prediger hatte nicht lange nach Verrichtung seines Amtes den Familienkreis sich selbst überlassen; nun wurden

alte, liebe, oft erzählte Geschichten hervorgeholt und nicht zum letzten Male
wiedererzählt. Sie kannten sich alle; die
Alten hatten die Jungen aufwachsen,
die Ältesten die Alten grau werden seh-
en; von allen wurden die anmutigsten
und spaßhaftesten Kindergeschichten
erzählt; wo kein anderer sie wußte, da
erzählte die Großmutter.

Von ihr allein konnte niemand erzählen; ihre Kinderjahre lagen hinter der
Geburt aller anderen; die außer ihr selbst
etwas davon wissen konnten, hätten weit
über jedes Menschenalter hinaus sein
müssen. – Unter solchen Umständen war
es abendlich geworden. Der Saal lag
gegen Westen, ein roter Schimmer fiel
durch die Fenster noch auf die Gips-
rosen an den weißen, mit Stukkatur
gezierten Wänden; dann verschwand
auch der. Aus der Ferne konnte man
ein dumpfes eintöniges Rauschen in der
jetzt eintretenden Stille vernehmen. Einige der Gäste horchten auf.

„Das ist das Meer", sagte die junge
Frau. „Ja", sagte die Großmutter, „ich
habe es oft gehört; es ist schon lange so
gewesen." Dann sprach wieder niemand;
draußen vor den Fenstern in dem schmalen Steinhof stand eine große Linde,
und man hörte, wie die Sperlinge unter
den Blättern zur Ruhe gingen. Der
Hauswirt hatte die Hand seiner Frau
gefaßt, die still an seiner Seite saß, und
heftete die Augen an die krause alter-
tümliche Gipsdecke.

„Was hast du?" fragte ihn die Großmutter. „Die Decke ist gerissen", sagte
er, „die Simse sind auch gesunken. Der
Saal wird alt, Großmutter, wir müssen
ihn umbauen." „Der Saal ist noch nicht so
alt", erwiderte sie, „ich weiß noch wohl,
wie er gebaut wurde."

„Gebaut? Was war denn früher hier?"

„Früher?" wiederholte die Großmutter;
dann verstummte sie eine Weile und saß
da wie ein lebloses Bild; ihre Augen sah-
en rückwärts in eine vergangene Zeit,

ihre Gedanken waren bei den Schatten der Dinge, deren Wesen lange dahin war. Dann sagte sie: „Es ist achtzig Jahre her; dein Großvater und ich, wir haben es uns oft nachher erzählt – die Saaltür führte dazumal nicht in einen Hausraum, sondern aus dem Hause hinaus in einen kleinen Ziergarten; es ist aber nicht mehr dieselbe Tür, die alte hatte Glasscheiben, und man sah dadurch grade in den Garten hinunter, wenn man zur Haustür hereintrat.

Der Garten lag drei Stufen tiefer, die Treppe war an beiden Seiten mit buntem chinesischem Geländer versehen. Zwischen zwei von niedrigem Buchs eingefaßten Rabatten führte ein breiter, mit weißen Muscheln ausgestreuter Steig nach einer Lindenlaube, davor zwischen zweien Kirschbäumen hing eine Schaukel; zu beiden Seiten der Laube an der hohen Gartenmauer standen sorgfältig aufgebundene Aprikosenbäume. – Hier konnte man sommers in der Mittagsstunde deinen Urgroßvater regelmäßig auf und ab gehen sehen, die Aurikeln und holländischen Tulpen auf den Rabatten ausputzend oder mit Bast an weiße Stäbchen bindend.

Er war ein strenger, akkurater Mann mit militärischer Haltung, und seine schwarzen Augenbrauen gaben ihm bei den weißgepuderten Haaren ein vornehmes Ansehen.

So war es einmal an einem Augustnachmittage, als dein Großvater die kleine Gartentreppe herabkam; aber dazumalen war er noch weit vom Großvater entfernt. – Ich sehe es noch vor meinen alten Augen, wie er mit schlankem Tritt auf deinen Urgroßvater zuging. Dann nahm er ein Schreiben aus seiner sauber gestickten Brieftasche und überreichte es mit einer anmutigen Verbeugung.

Er war ein feiner junger Mensch mit sanften, freundlichen Augen, und der schwarze Haarbeutel stach angenehm von den lebhaften Wangen und dem perl-

grauen Tuchrocke ab. – Als dein Urgroßvater das Schreiben gelesen hatte, nickte
er und schüttelte deinem Großvater die
Hand. Er mußte ihm schon gut sein;
denn er tat selten dergleichen. Dann
wurde er ins Haus gerufen, und dein
Großvater ging in den Garten hinab.

In der Schaukel vor der Laube saß ein
achtjähriges Mädchen; sie hatte ein Bilderbuch auf dem Schoß, worin sie eifrig
las; die klaren goldenen Locken hingen
ihr über das heiße Gesichtchen herab,
der Sonnenschein lag brennend darauf.

‚Wie heißt du?' fragte der junge Mann.

Sie schüttelte das Haar zurück und
sagte: ‚Barbara.'

‚Nimm dich in acht, Barbara; deine
Locken schmelzen ja in der Sonne.'

Die Kleine fuhr mit der Hand über
das heiße Haar, der junge Mann lächelte – und es war ein sehr sanftes Lächeln.
– ‚Es hat nicht Not', sagte er, ‚komm,
wir schaukeln.'

Sie sprang heraus: ‚Wart, ich muß erst

mein Buch verwahren.' Dann brachte sie es in die Laube. Als sie wiederkam, wollte er sie hineinheben.

,Nein', sagte sie, ,ich kann ganz allein.'

Dann stellte sie sich auf das Schaukelbrett und rief: ,Nur zu!'

Und nun zog dein Großvater, daß ihm der Haarbeutel bald rechts, bald links um die Schultern tanzte; die Schaukel mit dem kleinen Mädchen ging im Sonnenschein auf und nieder, die klaren Locken wehten ihr frei von den Schläfen. Und immer ging es ihr nicht hoch genug. Als aber die Schaukel rauschend in die Lindenzweige flog, fuhren die Vögel zu beiden Seiten aus den Spalieren, daß die überreifen Aprikosen auf die Erde herabrollten.

,Was war das?' sagte er und hielt die Schaukel an.

Sie lachte, wie er so fragen könne. ,Das war der Iritsch', sagte sie, ,er ist sonst gar nicht so bange.'

Er hob sie aus der Schaukel, und sie

gingen zu den Spalieren; da lagen die dunkelgelben Früchte zwischen dem Gesträuch.

‚Dein lritsch hat dich traktiert!‘ sagte er.

Sie schüttelte mit dem Kopf und legte eine schöne Aprikose in seine Hand. ‚Dich!‘ sagte sie leise.

Nun kam dein Urgroßvater wieder in den Garten zurück. ‚Nehme Er sich in acht‘, sagte er lächelnd. ‚Er wird sie sonst nicht wieder los.‘ Dann sprach er von Geschäftssachen, und beide gingen ins Haus.

Am Abend durfte die kleine Barbara mit zu Tisch sitzen; der junge freundliche Mann hatte für sie gebeten. – So ganz, wie sie es gewünscht hatte, kam es freilich nicht; denn der Gast saß oben an des Vaters Seite; sie aber war nur noch ein kleines Mädchen und mußte ganz unten bei dem allerjüngsten Schreiber sitzen. Darum war sie auch so bald mit dem Essen fertig; dann stand sie auf und schlich an den Stuhl ihres Vaters. Der aber sprach mit dem jungen Mann so eifrig über Konto und Diskonto, daß dieser für die kleine Barbara gar keine Augen hatte. – Ja, ja, es ist achtzig Jahre her, aber die alte Großmutter denkt es noch wohl, wie die kleine Barbara damals recht sehr ungeduldig wurde und auf ihren guten Vater gar nicht zum besten zu sprechen war. Die Uhr schlug zehn, und nun mußte sie gute Nacht sagen.

Als sie zu deinem Großvater kam, fragte er leise: ,Schaukeln wir morgen?' und die kleine Barbara wurde wieder ganz vergnügt. – ,Er ist ja ein alter Kindernarr, Er!' sagte der Urgroßvater; aber eigentlich war er selbst recht unvernünftig in sein kleines Mädchen verliebt.

Am andern Tage gegen Abend reiste dein Großvater fort.

Dann gingen acht Jahre hin. Die kleine Barbara stand oft zur Winterzeit an der Glastür und hauchte die gefrorenen Scheiben an; dann sah sie durch das Guckloch in den beschneiten Garten hinab und dachte an den schönen Sommer, an die glänzenden Blätter und an den warmen Sonnenschein, an den Iritsch, der immer in den Spalieren nistete, und wie einmal die reifen Aprikosen zur Erde gerollt waren, und dann dachte sie an einen Sommertag und zuletzt immer nur an diesen einen Sommertag, wenn sie an den Sommer dachte. – So gingen die Jahre hin; die kleine Barbara war nun doppelt so alt und eigentlich gar nicht mehr die kleine Barbara; aber der eine Sommertag stand noch immer als ein heller Punkt in ihrer Erinnerung. – Dann war er endlich eines Tages wieder da."

„Wer?" fragte lächelnd der Enkel, „der Sommertag?"

„Ja", sagte die Großmutter, „ja, dein Großvater. Er war ein rechter Sommertag."

„Und dann?" fragte er wieder.

„Dann", sagte die Großmutter, „gab es ein Brautpaar, und die kleine Barbara wurde deine Großmutter, wie sie hier unter euch sitzt und die alten Geschichten erzählt. So weit war's aber noch nicht. Erst gab es eine Hochzeit, und dazu ließ dein Urgroßvater den Saal bauen.

Mit dem Garten und den Blumen war's nun wohl vorbei; es hatte aber nicht Not, er bekam bald lebendige Blumen zur Unterhaltung in seinen Mittagsstunden. Als der Saal fertig war, wurde die Hochzeit gehalten.

Es war eine lustige Hochzeit, und die Gäste sprachen noch lange nachher davon. – Ihr, die ihr hier sitzt und die ihr jetzt allenthalben dabei sein müßt, ihr waret freilich nicht dabei; aber eure Väter und Großväter, eure Mütter und Großmütter, und das waren auch Leute, die ein Wort mitzusprechen wußten.

Es war damals freilich noch eine stille, bescheidene Zeit; wir wollten noch nicht alles besser wissen als die Majestäten und ihre Minister; und wer seine Nase in die Politik steckte, den hießen wir einen Kannegießer, und war's ein Schuster, so ließ man die Stiefel bei seinem Nachbar machen. Die Dienstmädchen hießen noch alle Trine und Stine, und jeder trug den Rock nach seinem Stande. Jetzt tragt ihr sogar Schnurrbärte wie Junker und Kavaliere. Was wollt ihr denn? Wollt ihr alle mitregieren?"

„Ja, Großmutter", sagte der Enkel.

„Und der Adel und die hohen Herrschaften, die doch dazu geboren sind, was soll aus denen werden ?"

„O – Adel –", sagte die junge Mutter und sah mit stolzen, liebevollen Augen zu ihrem Mann hinauf.

Der lächelte und sagte: „Streichen, Großmutter; oder wir werden alle Freiherrn, ganz Deutschland mit Mann und Maus. Sonst seh ich keinen Rat."

Die Großmutter erwiderte nichts darauf; sie sagte nur: „Auf meiner Hochzeit

wurde nichts von Staatsgeschäften gere-
det; die Unterhaltung ging ihren ebenen
Tritt, und wir waren ebenso vergnügt
dabei als ihr in euren neumodischen Ge-
sellschaften. Bei Tische wurden spaß-
hafte Rätsel aufgegeben und Leberrei-
me gemacht, beim Dessert wurde ge-
sungen: ‚Gesundheit, Herr Nachbar, das
Gläschen ist leer!‘, und alle die anderen hübschen Lieder, die nun vergessen
sind; dein Großvater mit seiner hellen
Tenorstimme war immer herauszuhö-
ren. – Die Menschen waren damals noch
höflicher gegeneinander; das Disputie-
ren und Schreien galt in einer feinen
Gesellschaft für sehr unziemlich. – Nun,
das ist alles anders geworden; – aber
dein Großvater war ein sanfter, fried-
licher Mann. Er ist schon lange nicht
mehr auf dieser Welt; er ist mir weit
vorausgegangen; es wird wohl Zeit, daß
ich nachkomme.“

Die Großmutter schwieg einen Augenblick, und es sprach niemand. Nur

ihre Hände fühlte sie ergriffen; sie wollten sie alle noch behalten. Ein friedliches Lächeln glitt über das alte liebe Gesicht; dann sah sie auf ihren Enkel und sagte: „Hier im Saal stand auch seine Leiche; du warst damals erst sechs Jahre alt und standest am Sarg zu weinen. Dein Vater war ein strenger, rücksichtsloser Mann.

,Heule nicht, Junge', sagte er und hob dich auf den Arm. ,Sieh hier, so sieht ein braver Mann aus, wenn er gestorben ist.'

Dann wischte er sich heimlich selbst eine Träne vom Gesicht. Er hatte immer eine große Verehrung für deinen Großvater gehabt. Jetzt sind sie alle hinüber; – und heute hab ich hier im Saal meine Urenkelin aus der Taufe gehoben, und ihr habt ihr den Namen eurer alten Großmutter gegeben. Möge der liebe Gott sie ebenso glücklich und zufrieden zu meinen Tagen kommen lassen!"

Die junge Mutter fiel vor der Großmutter auf die Knie und küßte ihre feinen Hände.

Der Enkel sagte: „Großmutter, wir
wollen den alten Saal ganz umreißen
und wieder einen Ziergarten pflanzen;
die kleine Barbara ist auch wieder da.
Die Frauen sagen ja, sie ist dein Ebenbild; sie soll wieder in der Schaukel sitzen, und die Sonne soll wieder auf goldene Kinderlocken scheinen; vielleicht
kommt dann auch eines Sommernach-
mittags der Großvater wieder die kleine
chinesische Treppe herab, vielleicht – "

Die Großmutter lächelte: „Du bist ein
Phantast", sagte sie; „dein Großvater
war es auch."

In den Ferien bei der Großmutter

von Ingmar Bergman

Großmutter wohnte meist in Uppsala, besaß aber noch ein schönes Sommerhaus in der Provinz Dalarna. Als sie im Alter von gut dreißig Jahren Witwe wurde, halbierte sie die Prachtwohnung in der Trädgardsgatan und bezog fünf Zimmer, Küche und Mädchenkammer. Zu Beginn meines Lebens wohnte sie dort zusammen mit Fräulein Ellen Nilsson, einem zeitlosen Denkmal aus der Provinz Smaland, das gut kochte, streng religiös war und uns Kinder verwöhnte. Als Großmutter starb, diente Ellen bei Mutter weiter, geliebt und gefürchtet. Im Alter von fünfundsiebzig Jahren bekam sie Kehlkopfkrebs, räumte ihr Zimmer auf, schrieb ihr Testament, tauschte das von Mutter gekaufte Zweiter-Klasse-Billett gegen eins dritter Klasse und fuhr zu ihrer Schwester nach Pataholm, wo sie ein paar Monate später starb. Ellen Nilsson, von uns Kindern Lalla genannt, lebte mehr als fünfzig Jahre bei den Familien meiner Großmutter und meiner Mutter.

Großmutter und Lalla hausten in einer temperamentvollen Symbiose, zu der auch etliche Fehltritte und Versöhnungen gehörten, die aber nie in Frage gestellt wurde. Für mich war die große (vielleicht doch nicht so große) Wohnung an der stillen Trädgardsgatan der Inbegriff von Geborgenheit und Magie. Die vielen Uhren maßen die Zeit, das Sonnenlicht wanderte über die grüne Unendlichkeit der Teppiche. Das Feuer in den Kachelöfen duftete, es donnerte im Abzugsrohr, und die Ofenluken klirrten. Manchmal fuhr unten auf der Straße ein Schlitten mit Glöckchen vorbei. Der Dom läutete zum Gottesdienst oder zu einer Beerdigung. Morgens und abends war die Gunilla-Glocke zu hören, spröde und von weit her.

Uralte Möbel, schwere Gardinen, dunkle Gemälde. Am Ende der langen, dunklen Halle befand sich ein interessantes

Zimmer mit vier in Fußbodenhöhe in die Tür gebohrten Löchern, mit roten Tapeten, einem Thron aus Mahagoni und Plüsch mit Messingbeschlägen und Schnitzereien. Zwei mit einem weichen Teppich bezogene Treppenstufen führten zu dem Thron hinauf. Wenn man den schweren Deckel des Stuhls öffnete, starrte man in einen Abgrund aus Dunkelheit und Düften. Es erforderte Mut, auf Großmutters Thron zu sitzen.

In der Halle stand ein hoher eiserner Ofen, der einen besonderen Duft nach brennender Kohle und erhitztem Metall verströmte. In der Küche bereitete Lalla das Mittagessen vor, eine nahrhafte Kohlsuppe. Der Geruch verbreitet sich warm und wahrnehmbar durch die Wohnung und geht eine höhere Verbindung mit den vagen Dünsten aus dem geheimnisvollen Zimmer ein.

Für eine kleine Person, die mit der Nase nahe am Fußboden herumspaziert, riechen die Teppiche frisch und stark nach dem Mottenpulver, das sie in sich aufsaugen, wenn sie während der Sommermonate zusammengerollt sind. Jeden Freitag bohnert Lalla die uralten Parkettböden mit Bohnerwachs und Terpentin. Es ist ein betäubender Geruch. Die Holzfußböden mit ihren Astlöchern und Splittern duften nach Kernseife. Die Korkteppiche werden mit einer übelriechenden Mischung aus Magermilch und Wasser geputzt.

Die Menschen laufen meist als Duftsinfonien herum: Puder, Parfüm, Teerseife, Urin, Geschlecht, Schweiß, Pomade, Schweinereien und Essensdünste. Manche riechen höchst allgemein nach Mensch, einige riechen beruhigend, andere bedrohlich. Vaters dicke Tante Emma trägt eine Perücke, die sie mit einem besonderen Klebstoff auf der kahlen Schwarte befestigt. Die ganze Tante Emma riecht nach Klebstoff. Großmutter riecht nach „Glyzerin und Rosenwasser", einer Art Eau de Cologne, das ganz uneitel in der Apotheke gekauft wurde. Mutter riecht süß wie Vanille. Wenn sie wütend wird, wird ihr flaumiger Schnurrbart feucht, und sie verbreitet einen kaum wahrnehmbaren metallischen Duft. Ein junges, rundliches, rothaariges und hinkendes Kindermädchen namens Märit ist meine Duft-Favoritin. Für mich ist es das schönste, in ihrem Bett auf ihrem Arm zu liegen und die Nase an ihr grobes Nachthemd zu drücken.

Eine versunkene Welt aus Licht, Düften, Lauten. Wenn ich still im Bett liege und kurz vor dem Einschlafen bin, kann ich von Zimmer zu Zimmer gehen. Ich sehe jede Einzelheit, ich weiß und fühle. In der Stille bei Großmutter öffneten sich meine Sinne und beschlossen, all dies für alle Zeit aufzubewahren. Wo bleibt das alles? Hat eins meiner Kinder meine Sinneseindrücke geerbt? Kann man Sinneseindrücke erben, Erlebnisse, Einsichten?

Die Tage, Wochen und Monate bei Großmutter entsprachen einem bei mir ständig gleichen, pochenden Bedürfnis nach Stille, Regelmäßigkeit, Ordnung. Ich spielte meine einsamen Spiele, ohne mich nach Gesellschaft zu sehnen. Großmutter saß im Eßzimmer am Schreibtisch, sie trug ein schwarzes Kleid mit einer großen, blaugestreiften Schürze. Sie las in einem Buch, machte Abrechnungen oder schrieb Briefe. Die Stahlfeder kratzte leise. In der Küche arbeitete Lalla, summte vor sich hin. Ich beugte mich über mein Puppentheater, ließ den Vorhang wollüstig über dem dunklen Wald Rotkäppchens oder dem erleuchteten Festsaal Aschenputtels hochgehen. Mein Spiel machte sich zum Herrn über das Bühnenbild, meine Einbildung bevölkerte es.

Eines Sonntags habe ich Halsschmerzen und brauche nicht zum Gottesdienst zu gehen, bleibe allein in der Wohnung zurück. Es ist Spätwinter, und das Sonnenlicht kommt und geht in schnellen, lautlosen Bewegungen über Gardinen und Bilder. Der gewaltige Eßzimmertisch erhebt sich über meinem Kopf, ich stütze den Rücken an einem der geschwungenen Tischbeine ab. Die Stühle am Tisch und die Wände sind mit nachgedunkeltem, goldfarbenem Leder bezogen, das alt riecht. Hinter mir ragt die Anrichte wie eine Burg auf, die Glaskaraffen und Kristallschalen glitzern in dem beweglichen Licht. An der langen Wand links hängt ein großes Bild mit weißen, roten und gelben Häusern. Sie wachsen aus blauem Wasser empor, auf dem Wasser schwimmen längliche Boote.

Die Eßzimmeruhr, die beinahe bis zur Stuckdecke reicht, spricht mürrisch und in sich gekehrt mit sich selbst. Dort, wo ich sitze, kann ich in den grünschimmernden Salon hineinsehen. Grüne Wände, Teppiche, Möbel, Gardinen, dort wachsen auch Farne und Palmen aus grünen

Krügen. Ich erkenne die nackte weiße Dame mit den abgehauenen Armen. Sie steht ein wenig vornübergebeugt und sieht mich mit einem leichten Lächeln an. Auf der bauchigen Kommode mit den Goldbeschlägen und Goldfüßen tickt eine vergoldete Uhr unter einer Glashaube. Ein junger Mann, der Flöte spielt, lehnt sich an das Zifferblatt. Dicht neben ihm steht eine kleine Dame mit einem großen Hut und einem weiten kurzen Rock. Beide sind vergoldet. Wenn die Uhr zwölf schlägt, spielt der junge Mann auf seiner Flöte, und das Mädchen tanzt.

Jetzt brennt das Sonnenlicht und entzündet die Prismen im Kristalleuchter, streicht über das Gemälde mit den Häusern hin, die aus dem Wasser emporwachsen, umschmeichelt das Weiß der Statue. Jetzt schlagen die Glocken, jetzt tanzt das goldene Mädchen, der Knabe spielt, jetzt dreht die nackte Dame den Kopf und nickt mir zu, jetzt schleppt der Tod seine Sense über den Korkteppich in dem dunklen Flur, ich ahne ihn, seinen gelben Schädel mit dem Lächeln, seine hagere, dunkle Gestalt vor den Glasscheiben der Außentür.

Ich will Großmutters Gesicht betrachten und krame eine Fotografie hervor. Auf ihr sind Großvater zu sehen, der Ingenieur, Großmutter und die drei Stiefsöhne. Großvater betrachtet voller Stolz seine junge Braut, sein dunkler Bart ist gepflegt, das Pincenez goldgerändert, der Kragen hoch, der Vormittagsanzug untadelig. Die Söhne haben Haltung angenommen: junge Männer mit unsicheren Blicken und weichen Zügen. Ich hole ein Vergrößerungsglas und studiere Großmutters Gesichtszüge. Der Blick ist klar, aber scharf, das Gesicht rundlich, das Kinn fest und der Mund entschlossen, trotz des höflichen Fotografier-Lächelns. Das Haar ist dick und dunkel, sorgfältig frisiert. Man kann nicht behaupten, daß sie schön ist, aber sie strahlt Willenskraft, Verstand und Humor aus.

Die Frischvermählten machen den Eindruck wohlhabenden Selbstbewußtseins: Wir haben unsere Rollen angenommen und gedenken, sie zu spielen. Die Söhne dagegen scheinen desorientiert, unterjocht, vielleicht aufrührerisch.

Großvater baute sich ein Sommerhaus in der Nähe von Dufnäs, an einem der schönsten Plätze Dalarnas mit einem weiten Ausblick über den Fluß, die Heide, die Sennhütten und die blau schimmernden Hügelkuppen. Da er die Eisenbahn liebte, verlief der Schienenstrang über das Grundstück, hundert Meter unterhalb des Hauses auf einem Abhang. Er saß oft auf seiner Veranda und stellte fest, ob die Züge pünktlich vorbeifuhren, vier in jede Richtung, davon zwei Güterzüge. Er konnte auch die Eisenbahnbrücke über den Fluß sehen, ein bautechnisches Meisterwerk, sein ganzer Stolz. Ich soll auf seinem

Schoß gesessen haben, kann mich aber nicht erinnern. Von ihm habe ich meine angewinkelten kleinen Finger, möglicherweise auch meine Begeisterung für Dampflokomotiven.

Großmutter wurde, wie schon gesagt, in jungen Jahren Witwe. Sie kleidete sich schwarz, das Haar wurde weiß. Die Kinder heirateten und zogen weg. Sie blieb allein mit Lalla zurück. Mutter erzählte einmal, Großmutter habe nie jemanden geliebt, nur ihren einzigen Sohn Ernst. Mutter versuchte ihre Liebe zu gewinnen, indem sie ihr auf jede erdenkliche Weise zu gleichen suchte, aber sie war von weicherem Naturell, und der Versuch schlug fehl.

Vater charakterisierte Großmutter als ein herrschsüchtiges Weibsstück. Er stand mit diesem Urteil sicher nicht allein.

Trotzdem habe ich die schönsten Tage meiner Kindheit bei Großmutter verbracht. Sie begegnete mir mit rauher Zärtlichkeit und intuitivem Verständnis. Unter anderem hatten wir ein Ritual entwickelt, dem sie nie untreu wurde. Vor dem Essen setzten wir uns auf ihr grünes Sofa. Dort „diskutierten" wir etwa eine Stunde. Großmutter erzählte von der Welt, vom Leben, aber auch vom Tod (der mich stark beschäftigte). Sie wollte wissen, was ich dachte, hörte genau zu, durchschaute meine kleinen Lügen oder schob sie mit freundlicher Ironie beiseite. Sie ließ mich als eine eigene, ganz wirkliche Person ohne Maske gelten.

Unsere „Diskussionen" sind immer in eine Aura von Dämmerung, Vertrautheit, Winternachmittag gehüllt.

Großmutter besaß noch eine andere bezaubernde Eigenschaft. Sie liebte es, ins Kino zu gehen, und wenn der Film jugendfrei war (am Montagmorgen die Kinoanzeigen auf der dritten Seite von „Upsala Nya Tidning"), mußte der Kinobesuch nicht bis zum Sonnabend oder Sonntagnachmittag warten. Un-

sere Freude wurde nur durch eins ge-
stört: Großmutter besaß ein Paar grau-
enhafte Überschuhe aus Gummi und
mochte keine Liebesszenen, die ich dagegen liebte. Wenn Held und Heldin
ihren Gefühlen allzu lange und allzu
schmachtend Ausdruck gaben, begannen Großmutters Gummischuhe zu
quietschen. Es war ein scheußlicher
Laut, der das ganze Kino erfüllte.

Wir lasen einander vor, erzählten er-
fundene Geschichten, gern Gespens-
tergeschichten oder andere Schrecklich-
keiten, wir zeichneten auch „Männchen",
eine Art Comics. Einer von uns fing
an, ein Bild zu zeichnen. Dann mußte der andere mit dem nächsten Bild
weitermachen und so die Handlung
entwickeln. Wir zeichneten tagelang
„Handlungen", es konnten vierzig oder
fünfzig Bilder werden. Dazwischen
schrieben wir erklärende Texte.

Die Lebensgewohnheiten in der Trädgardsgatan stammten aus dem acht-

zehnten Jahrhundert. Sobald das Feuer in den Kachelöfen brannte, standen wir auf. Da war es sieben Uhr. Es folgte die Abreibung in einer Blechwanne voll eiskaltem Wasser, dann gab es Frühstück mit Haferbrei und hartem Knäckebrot mit Belag. Morgenandacht. Schularbeiten oder Unterricht unter Großmutters Aufsicht.

Um ein Uhr Nachmittagstee mit Butterbroten. Dann bei jedem Wetter hinaus an die Luft. Rundgang zu den Schaukästen der Kinos: Skandia, Fyris, Röda Kvam, Slotts, Edda. Um fünf Uhr Essen. Die alten Spielsachen wurden hervorgeholt, die man seit Onkel Ernsts Kindheit aufgehoben hatte. Vorlesen. Abendgebet, die Gunilla-Glocke läutet. Um neun Uhr ist es Nacht.

In der Koje liegen und der Stille lauschen. Sehen, wie das Licht der Straßenlaterne an der Decke Schatten und Lichtstreifen wirft.

Wenn der Schneesturm über die Upp-
sala-Ebene fegt, schwankt die Laterne;
die Schatten wandern, im Kachelofen
grummelt und pfeift es.

Meine hellsichtige Großmutter Isabel

von Isabel Allende

Meine Großmutter Isabel glaubte nicht an Hexen, aber es würde mich nicht wundern, wenn sie bisweilen versucht hätte, auf einem Besen zu reiten, denn sie übte sich ein Leben lang in paranormalen Fähigkeiten und suchte die Verbindung zum Jenseits, was zu jener Zeit in der katholischen Kirche schlecht gelitten war.

Irgendwie schaffte es die gute Frau, mysteriöse Kräfte anzulocken, die während ihrer spiritistischen Sitzungen den Tisch verrückten. Dieser Tisch steht heute bei mir daheim, nachdem er im Diplomatengepäck meines Stiefvaters mehrere Male um die Welt gereist und in den Jahren des Exils verschollen war. Meine Mutter eroberte ihn durch einen Geniestreich zurück und schickte ihn mir mit dem Flugzeug nach Kalifornien. Es wäre billiger gewesen, einen Elefanten zu verschicken, denn es ist ein schweres spanisches Holzmöbel mit

einem mächtigen Fuß aus vier brüllenden Löwen in der Mitte. Es braucht drei
Männer, dieses Monstrum anzuheben.
Weiß der Himmel, wie meine Großmutter es bewerkstelligte, den Tisch mit
einer leichten Berührung des Zeigefin-
gers durchs Zimmer tanzen zu lassen.
Jedenfalls versicherte die gute Frau
ihren Kindern und Kindeskindern, sie
werde nach ihrem Tod zu Besuch kommen, wann immer man sie rufe, und sie
hat ihr Versprechen wohl gehalten. Ich
will nicht behaupten, ihr Gespenst oder
irgendein anderes leiste mir täglich Gesellschaft – sie hat gewiß Wichtigeres
zu tun –, aber ich mag den Gedanken,
daß sie, wenn nötig, zu erscheinen be-
reit ist.

Großmutter war der Meinung, wir
alle besäßen übersinnliche Fähigkeiten,
die aber wegen mangelnder Übung
verkümmern – wie Muskeln, die nicht
bewegt werden – und schließlich ganz
abhanden kommen. Ihre parapsycho-

logischen Experimente hatten nichts
Makabres, das sollte ich klarstellen: mit
dunklen Kammern, Totenkerzen oder
transsilvanischer Orgelmusik hatte sie
nichts im Sinn. Gedankenübertragung,
das Bewegen von Dingen, ohne sie zu
berühren, das Erkennen der Zukunft
oder die Verständigung mit den Seelen
im Totenreich konnten zu jeder Tages-
zeit und ganz beiläufig stattfinden. So
traute meine Großmutter beispielswei-
se dem Telefon nicht, das in Chile vor
Erfindung des Handys eine Zumutung
war, und schickte ihre Apfelkuchenre-
zepte den drei Schwestern Morla, ihren
Mitverschworenen in der Weißen Bruderschaft, auf telepathischem Weg ans
andere Ende der Stadt. Ob die Methode
funktionierte, ließ sich nicht nachprü-
fen, denn in der Küche waren sie alle
vier nicht zu gebrauchen. Die Weiße
Bruderschaft bestand aus diesen abson-
derlichen Damen und meinem Großvater, der all das für Mumpitz hielt,

jedoch darauf bestand, bei seiner Frau zu sein, um sie im Falle eines Falles zu beschützen. Der Mann war von Natur aus skeptisch und hielt es für ausgeschlossen, daß die Seelen der Toten den Tisch bewegten, als seine Frau jedoch anmerkte, es seien vielleicht keine Toten, sondern Außerirdische, war er sofort Feuer und Flamme, weil ihm diese Erklärung wissenschaftlich fundierter erschien.

Nichts davon muß einen wundern. Halb Chile lebt nach dem Horoskop, nach Weissagungen oder den vagen Ratschlägen des I Ging, und die andere Hälfte bindet sich Kristalle um den Hals oder befaßt sich mit Feng Shui. Im Fernsehen gibt es eine Sprechstunde, in der Liebesprobleme mit Tarotkarten gelöst werden. Die ehemaligen Revolutionäre der militanten Linken widmen sich heute mehrheitlich der spirituellen Praxis. (Wie der dialektische Schritt von der Guerrilla zur

Esoterik vollzogen wird, erschließt sich mir nicht recht.) Die spiritistischen Sitzungen meiner Großmutter kommen mir freilich vernünftiger vor als die Anrufung von Heiligen, der Ablaß zum Gewinn des Himmelreichs oder die Pilgerfahrten der stadtbekannten Frömmlerinnen in übervollen Reisebussen. Oft hörte ich davon, meine Großmutter habe die Zuckerdose wandern lassen, ohne sie zu berühren. Heute zweifle ich, ob ich das je mit eigenen Augen sah oder mich das häufige Erzählen schließlich überzeugte, daß es sich wirklich zugetragen hat. An die Zuckerdose erinnere ich mich nicht, hingegen ist mir, als hätte es ein silbernes Glöckchen mit einem mädchenhaft anmutenden Prinzen am Griff gegeben, mit dem man vom Eßzimmer aus nach den Dienstmädchen läutete, wenn ein neuer Gang aufgetragen werden sollte. Ob ich diese Episode geträumt, ob ich sie erfunden habe oder sie sich tatsächlich zutrug, weiß ich nicht: Ich sehe, wie das Glöckchen lautlos über die Tischdecke gleitet, als wäre der Prinz zum Leben erwacht, sehe, wie es über der entgeisterten Tischgesellschaft einen majestätischen Looping beschreibt und wieder vor meiner Großmutter am Kopfende der Tafel landet. Mit vielen Erlebnissen und Geschichten aus meinem Leben geht es mir ähnlich. Ich meine, sie hätten sich zugetragen, doch wenn ich sie aufschreibe und mit der Logik konfrontiere, kommen sie mir etwas unwahrscheinlich vor, was mich indes nicht beunruhigt. Welche Rolle spielt es, ob etwas wirklich geschehen ist oder ich es mir vorgestellt habe? Das Leben ist ja doch Traum.

Quellenverzeichnis

Wir danken den Verlagen, Autoren und Rechteinhabern
für die Erteilung der Abdruckgenehmigungen.

Allende, Isabel: Meine hellsichtige Großmutter Isabel,
aus: dies., Mein erfundenes Land. Aus dem Spanischen von
Svenja Becker, © Isabel Allende 2003, © der deutschen
Ausgabe Suhrkamp Verlag Frankfurt am Main 2006

Benary-Isbert, Margot: Kinderhüten – nicht so einfach
/ Die werdende Großmutter, aus: dies., Die Großmutter
und ihr erster Enkel, Copyright © Pendo Verlag GmbH
& Co.KG, München und Zürich 2000

Bergman, Ingmar: In den Ferien bei der Großmutter,
aus: ders., Mein Leben, Copyright der deutschen Über-
setzung von Hans-Joachim Maass © 1987 by Hoffmann
und Campe Verlag, Hamburg

Brecht, Bertolt: Die unwürdige Greisin, aus: ders.,
Werke. Große kommentierte Berliner und Frankfurter
Ausgabe, Band 18: Prosa 3, © Suhrkamp Verlag Frank-
furt am Main 1995

Callori di Vignale, Christina: Das schönste Kompliment
meines Lebens / Das Bild meiner Großmutter, © Christina Callori di Vignale

Ginzburg, Natalia: Die Großmutter im Urlaub mit der Familie, aus: dies., Familienlexikon. © Verlag Klaus Wagenbach, Berlin 1993

Härtling, Peter: Was an Oma anders ist, aus: ders., Oma, Beltz & Gelberg in der Verlagsgruppe Beltz, Weinheim & Basel

Kishon, Ephraim: Ein junges Reis vom alten Stamm, aus: ders., Kishons beste Familiengeschichten © 1975 by Langen Müller in der F.A. Herbig Verlagsbuchhandlung GmbH, München, ins Deutsche übertragen von Friedrich Torberg

Nöstlinger, Christine: F wie Freunde und Freundinnen, aus: dies., ABC für Großmütter, © 2006 Patmos Verlag GmbH & Co.KG, Dachs-Verlag, Düsseldorf

Pamuk, Orhan: Meine Großmutter, aus: ders., Istanbul. Erinnerungen an eine Stadt. Aus dem Türkischen von Gerhard Meier © 2006 Carl Hanser Verlag, München

Ringelnatz, Joachim: Großmutter, aus: ders., Sämtliche Gedichte

Seuffert, Barbara: Der Kerzenhalter / Der Maulwurfsmantel, aus: dies., Liebeserklärungen an Mütter und Großmütter © 2008 Brunnen Verlag Gießen

Storm, Theodor: Im alten Saal, aus: ders., Sämtliche Werke

Leo N., Tolstoi: Das Gedicht zum Namenstag, aus: ders., Gesammelte Erzählungen

Wyse, Lois: Und jetzt kommt Oma, aus: dies., Komisch, du siehst gar nicht aus wie eine Großmutter. Übersetzt von Isabella Nadolny. © der deutschen Ausgabe: 1990 Deutscher Taschenbuch Verlag, München

© Verlag Herder GmbH, Freiburg im Breisgau 2008
Alle Rechte vorbehalten
www.herder.de

Gesamtgestaltung: usw. Uwe Stohrer Werbung, Freiburg
Umschlagmotiv: Bertram Walter, Freiburg
Herstellung: fgb · freiburger graphische betriebe
www.fgb.de

Gedruckt auf umweltfreundlichem,
chlorfrei gebleichtem Papier
Printed in Germany

ISBN 978-3-451-29753-3